Fietkau/Zur Methodologie des Experimentierens in der Psychologie

PSYCHOLOGIA UNIVERSALIS BAND 25

Herausgegeben von
Eberhard Bay, Willy Hellpacht, Wolfgang Metzger
und Wilhelm Witte

Zur Methodologie des Experimentierens in der Psychologie

Hans - Joachim Fietkau

1973

Verlag Anton Hain · Meisenheim am Glan

© 1973 Verlag Anton Hain KG - Meisenheim am Glan
Herstellung: Verlag Anton Hain KG - Meisenheim am Glan
Printed in Germany
ISBN 3-445-01045-5

Vorwort

Herrn Professor Dr. Robert Kirchhoff danke ich für den Vorschlag zu diesem Thema und für die Unterstützung, die er mir beim Zustandekommen der Arbeit gegeben hat. Ohne die Anregungen, die ich im Laufe meines Studiums durch ihn erfahren habe, hätte diese Arbeit nicht entstehen können. Mein Dank gilt weiterhin Herrn Doktor Dietmar Görlitz, von dem ich in vielen Gesprächen wertvolle Hinweise zur Methode des Experimentierens erhalten habe.

Die vorliegende Arbeit basiert — von geringfügigen Änderungen und Literaturnachträgen abgesehen — auf der vom Verf. 1971 am Institut für Psychologie der TU-Berlin eingereichten Diplom-Arbeit. Für die Möglichkeit, diese Arbeit einer breiteren Öffentlichkeit zugänglich zu machen, bin ich dem Verlag Anton Hain sehr verbunden.

Inhaltsverzeichnis

1. Einleitung

1.1. Die Bedeutung des Experiments in der Psychologie

Im vorigen Jahrhundert hat sich die Psychologie als eine experimentell arbeitende Wissenschaft etabliert. Erst als solche konnte sie sich aus der Philosophie lösen und erlangte Hoffähigkeit unter den wissenschaftlich empirischen Einzeldisziplinen.

Heute reihen wir die Psychologie bereits fraglos in die Erfahrungswissenschaften ein. An zentraler Stelle ihrer Forschungsmethoden steht das Experiment.

So kann mit Hinblick auf die in der Psychologie vorliegenden Veröffentlichungen (etwa unter Zugrundelegung der ‚Psychological abstracts‘) festgestellt werden, daß die überwiegende Anzahl psychologischer Publikationen auf experimentelle Untersuchungen bezogen ist.

Die häufige Verwendung experimenteller Forschungsmethoden allein kann jedoch nicht dazu dienen, herzuleiten, das Experiment sei eine für die Forschungsinteressen der Psychologie in besonderer Weise ausgezeichnete Methode (vgl. A. WELLEK 1959).

Die Privilegierung experimenteller Techniken im Rahmen der empirischen Forschung der Psychologie läßt sich nur mittels methodologischer Einsicht in die Grundstruktur des Experimentierens rechtfertigen.

1.2. Ziel der Arbeit

Mit der vorliegenden Arbeit wollen wir das Experiment in der Psychologie zum Gegenstand unserer Untersuchung machen, es als Ganzes und mit Hinblick auf abhebbare Teilmomente thematisieren, es anderen empirischen Forschungsmethoden gegenüberstellen und insofern zur Methodologie des Experiments beitragen.

Wir wollen hierbei nur *die* empirischen Forschungsmethoden berücksichtigen, die dazu dienen, allgemeine (nomothetische) Gesetzmäßigkeiten aufzufinden oder zu überprüfen. Ideographische Methoden, die Aussagen über einen konkreten Fall anstreben (Biographik, Tests), sollen im Zusammenhang dieser Arbeit unerörtert bleiben.

Über die Notwendigkeit methodologischer Reflexionen schreibt
MACH (E. MACH 1906, Vorwort; vgl. auch K. HÜBNER 1962):

„Ohne im geringsten Philosoph sein oder auch nur heißen zu wollen,
hat jeder Naturforscher ein starkes Bedürfnis, die Vorgänge zu durchschau-
en, durch welche er seine Kenntnisse erwirbt oder erweitert... Die Arbeit der
Schematisierung und Ordnung methodologischer Kenntnisse, wenn sie im
geeigneten Entwicklungsstadium des Wissens und in zweckdienlicher Weise
ausgeführt wird, dürfen wir nicht unterschätzen."

Wir wollen eine systematische Ordnung der methodologischen Fragen und Probleme aufstellen, die das Experiment in der Psychologie betreffen, wobei wir diese Ordnung mit dem Ziel der Vollständigkeit der
Betrachtungsweisen etablieren.

Der Anspruch auf Vollständigkeit einer Systematik kann für verschiedene Ebenen unterschiedlichen Differenziertheitsgrades angestrebt
werden.

Vollständigkeit ist immer nur ausgehend von einem allgemeinen
Konzept zu gewährleisten; sie ist nie und nimmer zu garantieren, indem man von einzelnen Teilkomponenten eines Gegenstandes ausgeht,
mit dem Ziel, diese — gleichsam induktiv — zu einem Ganzen zu integrieren, da u.a. ein solches Vorgehen nur die Gegenstandsfacetten thematisieren und mithin in das ‚Ganze' einbringen kann, die der jeweilig
gegebene Stand der Wissenschaft in den Blick gebracht hat.

Somit erscheint es notwendig, die angestrebte Systematik mit Hinblick auf ein allgemeines Grundkonzept zu konstituieren und damit einen Rahmen für weitere Differenzierungen und Detaillierungen vorzu-
geben.

Eine solche Rahmenkonzeption könnte künftiger, das Experiment
betreffender, methodologischer Forschungsaktivität als Anregung dienen, indem sie etwa offenlegt, bezüglich welcher Gesichtspunkte eine
hinreichende Erörterung bislang nicht erfolgt ist.

Neben der heuristischen Fruchtbarkeit müßte dieses Rahmenkon-
zept eine Ordnung bestehender Betrachtungsweisen ermöglichen.

In einer solchen, auf einen allgemeinen Überblick gerichteten Arbeit muß notwendig eine in allen Teilen detaillierte Darstellung unterbleiben. Es können verschiedene Probleme nur angeschnitten werden.
Insbesondere muß in diesem Zusammenhang die Erörterung der Probleme der Planung (design) und Auswertung experimenteller Untersu-

chungen unterbleiben, die sich aus den Erfordernissen und Möglichkeiten der Statistik ergeben.

Die angestrebte Betrachtung des Experiments in der Psychologie stellt den Versuch einer methodologischen Reflexion dar und kann nicht als Zusammenstellung der psychischen Strukturen oder Prozesse des Experimentators verstanden werden, wie sie im Zusammenhang des Experimentierens immer faktisch gegeben sind.

Diese Parameter können im Zusammenhang methodologischer Erörterungen nur dann Berücksichtigung finden, wenn sie Einfluß auf den Verlauf des experimentellen Handelns nehmen und damit als Determinanten des methodischen Vorgangs der experimentellen Erkenntnisgewinnung angesehen werden müssen. Die methodologische Reflexion des Experiments hat es weiterhin nicht mit dem experimentellen Handeln zu tun, so wie es de facto abläuft, sondern richtet sich auf eine Systematik der prinzipiell thematisierbaren Aspekte des Experimentierens.

1.3. Zwei Ansätze zur Ordnung der methodologischen Fragen, die das Experiment betreffen

1.3.1. Der KIRCHHOFFsche Fragekatalog

Wir können an den uns interessierenden Gegenständen nicht unbegrenzt viele Facetten abheben. Die Mannigfaltigkeit der Betrachtungsweisen eines (Forschungs-) Objekts ist durch die Begrenztheit der uns in unserer Sprachkultur zur Verfügung stehenden Fragekategorien vorgegeben. An einem Gegenstand können mithin nicht mehr Aspekte thematisiert werden, als von ihm erfragbar sind.

„Daß in aller Erfahrung die Struktur der Frage vorausgesetzt ist, liegt auf der Hand. Man macht keine Erfahrung ohne die Aktivität des Fragens" (H. G. GADAMER 1960, S. 344).

Eine vollständige Auffächerung der uns gegebenen Fragemöglichkeiten würde eine vollständige Auffächerung der an einem Gegenstand abhebbaren Teilmomente mitsetzen.

Geleitet von diesen Überlegungen hat KIRCHHOFF[1] einen ‚Fragekatalog' entwickelt, der alle uns zur Verfügung stehenden Fragemöglich-

1 Dargestellt in seiner ‚Übung zur Methodenlehre' (TU-Berlin, SS 1969).

4

keiten zusammenstellt, ihnen ‚Frageintentionen' zuordnet, den Fragekategorien entsprechende ‚Allgemeine Gegenstandssignaturen' heraus-
hebt und die jeweils einschlägigen ‚(methodischen) Zugangsmodi' thematisiert.

Unter Zugrundelegung dieses Fragekatalogs läßt sich eine systematische und vollständige Ordnung der auf beliebige Gegenstände voll-
ziehbaren Betrachtungsweisen konzipieren. Da die Verwendung des Fragekatalogs für Gegenstände im weitesten Sinne (statische, prozeßhafte,
reale, ideale) als legitim erachtet werden muß, kann der Fragekatalog
mithin auch zur Ordnung methodologischer Fragen herangezogen werden, die das Experiment betreffen.

1.3.2. Die Görlitzsche Handlungs-Anweisung

Das Experiment kann als Sonderform menschlichen Handelns verstanden werden. Görlitz (D. Görlitz 1972) hat unter Zugrundelegung
eines Ansatzes von Kirchhoff (R. Kirchhoff 1963) eine formale Auffächerung der (menschlichen) Handlung entwickelt, die zur Gliederung
jeder Spezies von Handlung – also auch experimenteller Handlung –
zugrundegelegt werden kann.

1.3.3. Diskussion von ‚Fragekatalog' und ‚Handlungs-Anweisung' hinsichtlich ihrer Verwendbarkeit für die von uns angestrebte Ordnung der methodologischen Fragen, die das Experiment betreffen

Beide Systematisierungsansätze (Fragekatalog und Handlungs-
Anweisung) scheinen sinnvolle formale Konzepte zur Ordnung der
methodologischen Fragen darzustellen, die das Experiment betreffen.

Während das Experiment mit Hilfe des Fragekatalogs in seinen
möglichen äußeren Bezügen thematisiert werden kann, soll mit Hilfe
der Handlungs-Anweisung die Binnenstruktur des Experiments analysiert werden.

Die Merkmalsanalyse der experimentellen Handlung läßt sich
einer Fragekategorie innerhalb des Fragekatalogs zuordnen. Dieser
kann damit als vorgeordnetes Ordnungsraster angesetzt werden, in

dem der Merkmalsanalyse der experimentellen Handlung ein bestimmter Ort zugewiesen werden kann.

Daraus ergibt sich für das weitere Vorgehen die Aufgliederung der Betrachtungsweisen des Experiments wie in folgender Form auf Seite 6 gezeigt.

Die so aufgegliederten, auf das Experiment bezogenen Fragevektoren stellen die Gesamtheit der prinzipiell möglichen Fragerichtungen dar.

Die ‚womit-Frage‘ kann insofern als vorgeordneter Fragevektor angesehen werden, als die gesamte Arbeit als eine Instrumentalanalyse angesehen werden kann. Der Experimentator bedient sich zur Erreichung eines bestimmten Zieles des Experiments. Das Experiment ist somit, wie jede andere Methode, Werkzeug, Mittel, Instrument. Indem wir dieses Instrument thematisieren, haben wir das Recht, von einer Instrumentalanalyse, in unserem Falle, von der Instrumentalanalyse des Experimentierens zu sprechen. Da die gesamte Arbeit als Instrumentalanalyse des Experimentierens aufgefaßt werden muß, kann diese Facette eines Gegenstandes in unserem Zusammenhang nicht gesondert erörtert werden.

Nicht jeder Gegenstand wird allen Fragerichtungen entsprechende Seiten aufweisen. Man kann von vornherein erwarten, daß bestimmte Fragen zur Kennzeichnung und gegenstandsangemessenen Charakterisierung des in Frage stehenden Forschungsobjekts mehr und bestimmte andere weniger Informationen hervorbringen.

Die unterschiedliche Einschlägigkeit der verschiedenen Fragevektoren wird sich u.a. in einer unterschiedlichen Breite der Behandlung der verschiedenen Teilbereiche des Experiments niederschlagen. Darüber hinaus treffen bestimmte Fragen in ihrer unmittelbaren Bedeutung das Experiment nicht; sie können jedoch in einer übertragenden Bedeutung für die Erhellung bestimmter Gegenstandsfacetten Fruchtbarkeit gewinnen.

Die durch den Fragekatalog nahegelegte Reihenfolge der Darstellung der zugeordneten Gegenstandsbereiche mußte, aus für das Experiment spezifischen Gründen, in der im Schema durch Pfeile gekennzeichneten Weise, abgeändert werden.

Aufgliederung der mit Hilfe des Fragekatalogs abhebbaren Teilmomente des Experiments

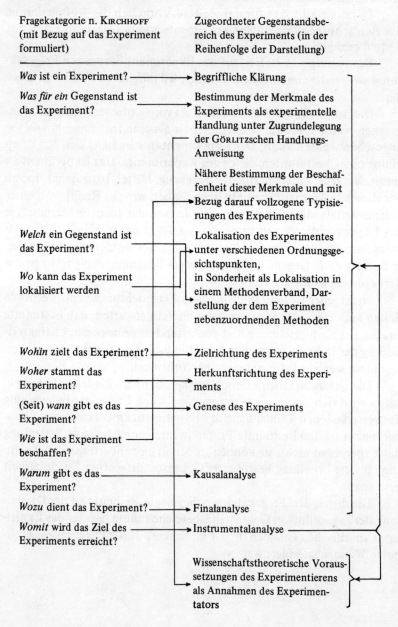

Fragekategorie n. KIRCHHOFF (mit Bezug auf das Experiment formuliert)	Zugeordneter Gegenstandsbereich des Experiments (in der Reihenfolge der Darstellung)
Was ist ein Experiment?	Begriffliche Klärung
Was für ein Gegenstand ist das Experiment?	Bestimmung der Merkmale des Experiments als experimentelle Handlung unter Zugrundelegung der GÖRLITZschen Handlungs-Anweisung
	Nähere Bestimmung der Beschaffenheit dieser Merkmale und mit Bezug darauf vollzogene Typisierungen des Experiments
Welch ein Gegenstand ist das Experiment?	Lokalisation des Experimentes unter verschiedenen Ordnungsgesichtspunkten,
Wo kann das Experiment lokalisiert werden	in Sonderheit als Lokalisation in einem Methodenverband, Darstellung der dem Experiment nebenzuordnenden Methoden
Wohin zielt das Experiment?	Zielrichtung des Experiments
Woher stammt das Experiment?	Herkunftsrichtung des Experiments
(Seit) *wann* gibt es das Experiment?	Genese des Experiments
Wie ist das Experiment beschaffen?	
Warum gibt es das Experiment?	Kausalanalyse
Wozu dient das Experiment?	Finalanalyse
Womit wird das Ziel des Experiments erreicht?	Instrumentalanalyse
	Wissenschaftstheoretische Voraussetzungen des Experimentierens als Annahmen des Experimentators

2. Begriffliche Vorklärungen

2.1. Das Experiment bei Wilhelm WUNDT

Wilhelm WUNDT, der als einer der Begründer der experimentell arbeitenden Psychologie angesehen werden kann (vgl. E. G. BORING, 1950; J. C. FLUGEL 1964), definiert 1896 das Experiment folgendermaßen:

„Das *Experiment* besteht in einer Beobachtung, die sich mit der willkürlichen Einwirkung des Beobachters auf die Entstehung und den Verlauf der zu beobachtenden Erscheinungen verbindet" (W. WUNDT 1898, S. 22, Hervorhebung im Original gesperrt).

1907 formuliert WUNDT (zit. n. W. WUNDT 1911, S. 225) in Auseinandersetzung mit der BÜHLERschen Denkpsychologie vier Bestimmungsmerkmale des Experiments:

„1. Der Beobachter muß. wo möglich. in der Lage sein. den Eintritt des zu beobachtenden Vorganges selbst zu bestimmen.

2. Er, muß, soweit möglich, im Zustand gespannter Aufmerksamkeit die Erscheinungen auffassen und in ihrem Verlauf verfolgen.

3. Jede Beobachtung muß zum Zwecke der Sicherung der Ergebnisse unter den gleichen Umständen mehrmals wiederholt werden können.

4. Die Bedingungen, unter denen die Erscheinung eintritt, müssen durch Variation der begleitenden Umstände ermittelt und, wenn sie ermittelt sind, in den verschiedenen zugehörigen Versuchen verändert werden, indem man sie teils in eigenen Versuchen ganz ausschaltet, teils in ihrer Stärke und Qualität abstuft."

WUNDT spricht dann von vollkommenen Experimenten, wenn eine Untersuchung alle vier aufgeführten Merkmale aufweist, beim Vorhandensein von einigen der Merkmale spricht er von unvollkommenen Experimenten, und Untersuchungen, die keines dieser Merkmale aufweisen, bezeichnete er als Scheinexperimente (W. WUNDT 1911, S. 265 f.).

Der Terminus ‚Scheinexperiment' ist selbstverständlich nur dann einschlägig, wenn Untersuchungen, die keines dieser Merkmale aufweisen, als Experimente bezeichnet werden.

Für SELG impliziert das Kriterium der Willkürlichkeit bereits die Kriterien der Wiederholbarkeit und Variierbarkeit (vgl. auch W. JANKE 1969 a, S. 96):

„Wenn ein Geschehen der Willkür des Versuchsleiters unterliegt, darf man annehmen, daß er es auch wiederholen kann" (H. SELG 1969, S. 26).

Daraus, daß WUNDT unter dem Kriterium der Willkürlichkeit fordert, daß der Versuchsleiter (Vl) den Eintritt des zu beobachtenden Vorgangs evozieren kann, ist jedoch keineswegs zu folgern, daß dieser Vorgang in immer der gleichen Weise ablaufen muß.

Das Kriterium der Wiederholbarkeit wäre nur dann im Kriterium der Willkürlichkeit impliziert, wenn man unter Wiederholbarkeit in Abweichung von WUNDT die Möglichkeit verstünde, lediglich die Versuchsbedingungen zu replizieren.

Drei der von WUNDT 1907 genannten vier Merkmale des Experiments, die ‚Beobachtung‘, die ‚Willkürlichkeit‘ und die ‚Bedingungsvariation‘, stellen neben anderen Kriterien bis in unsere Zeit wesentliche Bestandstücke der Begriffsbestimmungen von ‚Experiment‘ dar.

Die ‚Wiederholbarkeit‘ hingegen findet sich in jüngeren Definitionen von ‚Experiment‘ weit seltener. Die Ursache dafür kann in der Tatsache gesehen werden, daß die Wiederholbarkeit kein Merkmal darstellt, das an der experimentellen Handlung aufgewiesen werden kann. Die definitorische Bestimmung des Experiments vollzieht sich jedoch in aller Regel mit Bezug auf bestimmte Besonderungen der experimentellen Handlung.

Der Vl kann es zwar so einrichten, daß er scharf beobachtet, seine Versuchsbedingungen variiert und ggf. kann er das experimentelle Arrangement auch so gestalten, daß er das ihn interessierende Phänomen willkürlich hervorrufen kann. Er hat jedoch keine Einflußmöglichkeiten auf die Wiederholbarkeit seiner Versuchsergebnisse; allenfalls kann er durch genaue Versuchsbeschreibung erreichen, daß die Versuchsbedingungen wiederholt werden können. Eine völlig identische Wiederholung der Versuchsbedingungen ist jedoch in der Psychologie nicht möglich.

Die Bedingungen, die seitens der Versuchspersonen (Vpn) in den Versuch eingehen, sind strenggenommen nicht wiederholbar. Selbst wenn man die gleichen Vpn heranziehen würde, müßte man bedenken, daß diese dadurch, daß sie die Erfahrung des vorangegangenen Versuchs gemacht haben, im Wiederholungsfalle nicht mehr die gleichen Systembedingungen wie im Erstexperiment aufweisen.

2.2. Weitere Begriffsbestimmungen des Experiments unter besonderer Berücksichtigung der Psychologie

Im folgenden wollen wir verschiedene Begriffsbestimmungen des (psychologischen) Experiments zusammenstellen und ordnen. Die von uns etablierte Ordnung stellt keine scharfe klassifikatorische Abgrenzung verschiedener Bestimmungsansätze dar; sie kann nur auf eine Unterschiedliche Akzentuierung verschiedener Kernmerkmale des Experiments hindeuten.

2.2.1. Auf ‚Beobachtung‘ akzentuierende Begriffsbestimmungen

Unter Hervorhebung der Beobachtungskomponente definiert CATTELL (1966):

"... an experiment is a recording of observations, quantitative or qualitative, made by defined and recorded operations and in defined conditions, followed by examination of the data, by appropriate statistical and mathematical rules, for the existence of significant relations" (S. 20).

Bei DUHEM (1908) ist das Experiment durch die Beobachtung von Erscheinungen, verbunden mit der Interpretation derselben, gekennzeichnet (n. P. DUHEM 1908, S. 192).

Der Soziologe CHAPIN bestimmt 1965 das Experiment als „die systematische Untersuchung zwischenmenschlicher Beziehungen durch Beobachtungen, die unter kontrollierten Bedingungen stattfinden" (F. S. CHAPIN 1965, S. 221).

FRAISSE, der die Beobachtung für das Experiment als grundlegend ansieht, schreibt 1966:

„Der Vergleich einer Beobachtungstatsache mit einer anderen macht das Experiment aus" (P. FRAISSE 1966, S. 7).

Das Experiment ist bei FRAISSE dadurch gekennzeichnet, daß verschiedene Beobachtungstatsachen miteinander verglichen werden. Es bleibt aber mindestens von der Definition her unklar, ob die verschiedenen Beobachtungstatsachen, die ja in der Definition für das Experiment postuliert werden, bewußt, d.h. experimentell-planend, evoziert werden, wie etwa mittels der Bedingungsvariation oder ob der Tatbestand des experimentellen Vorgehens auch dann erfüllt ist, wenn zwei

Beobachtungstatsachen in einem ‚lockeren Erfahrungsaustausch' miteinander verglichen werden.

Sicher sind Beobachtung und Vergleich sehr wichtige und notwendige Bestandteile experimentellen Vorgehens; sie können jedoch in keiner Weise als hinreichende Bestimmungsmerkmale des Experiments angesehen werden, da sonst ein großer Fächer verschiedener Arten von Erfahrungsgewinnung, wie wir sie aus dem alltäglichen Leben kennen, als Experiment bezeichnet werden dürfte.

Diese Konsequenz der Definition ist von FRAISSE, wie sich aus seinen weiteren Darstellungen ergibt, jedoch ganz sicher nicht intendiert worden.

Mit allen Bestimmungsansätzen, die das Verfahren des Experimentierens lediglich als Beobachtung bestimmen, kann keine Differenzierung zwischen dem Experiment und den sonstigen empirischen Methoden erreicht werden, da die Beobachtung ein konstituierender Bestandteil allen empirischen Forschens ist. Fordert man, wie etwa CATTELL, daß die Beobachtung unter bestimmten, definierten Bedingungen und unter Verwendung definierter Techniken erfolgen muß, um Experiment heißen zu können, so lassen sich unter einem solchen Begriff zwar nicht alle empirischen Methoden fassen; die Methoden, die als planmäßige Beobachtung bezeichnet werden, sind jedoch in dieser sprachlichen Fassung nicht vom Experiment zu trennen.

Die Beobachtung kann als notwendiger Bestandteil aller empirischen Methoden angesehen werden. Zur Beschreibung der Grundstruktur des experimentellen Handelns hingegen sind weitere Bestimmungsmerkmale erforderlich.

2.2.2. Auf ‚willkürliche Einwirkung' akzentuierende Begriffsbestimmungen

Eine Reihe von Autoren hebt in ihren Begriffsbestimmungen die willkürliche Einwirkung des Experimentators auf den Gegenstand der Untersuchung und/oder auf die ihn umgebenden Bedingungen hervor.

So formuliert etwa METZGER 1952:

„Von einem *Experiment* kann man im strengen Sinn erst da sprechen, wo in die zu beobachtenden Sachverhalte absichtlich und planmäßig eingegriffen wird" (S. 143).

An anderer Stelle definiert er:

„Experiment oder (wissenschaftlicher) Versuch heißt die Bemühung, Bedingungen herzustellen, nur zu dem Zweck, ihren Einfluß auf einen fraglichen Gegenstand oder Sachverhalt zu beobachten und diesen dadurch besser kennenzulernen, gegebenenfalls schon bestehende Vermutungen über seine Natur (Deutung seines Verhaltens) auf ihre *faktische* Stichhaltigkeit zu prüfen" (W. METZGER 1952, S. 144).

1955 wiederholt METZGER diese Definition auf dem 20. Kongress der deutschen Gesellschaft für Psychologie fast wörtlich (W. METZGER 1956, Kongr. Ber.) und fügt hinzu: der Hauptzweck des Experiments sei es, „...ein *Meinen* in ein *Wissen* zu überführen: zu prüfen, ob das *Einleuchtende* auch *wahr* sei" (W. METZGER 1956 a, S. 30).

Während METZGER die Einflußnahme des Experimentators auf die experimentellen Bedingungen hervorhebt, kann auch der Manipulationsakt akzentuiert werden, den der Experimentator am experimentellen Gegenstand selbst vollzieht.

So besteht das Experiment bei TRAXEL in der „...*absichtlichen und planmäßigen Auslösung eines Vorganges* zum Zweck der Beobachtung" (W. TRAXEL 1964, S. 90).

Während bei TRAXEL nur auf die Auslösung eines Vorganges abgehoben wird, schreibt KÖNIG 1965:

„Im Experiment wird der Beobachtungsgegenstand auf irgendeine Weise manipuliert" (S. 36).

In besonders exponierter Weise wird die Einflußnahme des Experimentators auf den experimentellen Untersuchungsgegenstand von der wissenschaftstheoretischen Position des Kontruktivismus gesehen.

Hier ist die Beziehung des empirischen Forschens und mithin auch des Experimentierens zur Realität, auf die diese Forschung bezogen ist, in spezifischer Weise gefaßt.

War in den bisherigen Begriffsbestimmungen von Einwirkung auf oder Manipulation am Untersuchungsgegenstand die Rede, so wird hier der Terminus ‚Herstellung' an eine zentrale Stelle gerückt (vgl. u.a. H. DINGLER 1967, S. 53). Damit kommt nach SANBORN (H. C. SANBORN 1956) das ‚Schöpferische am experimentellen Tun' stärker in den Blick.

In der Nachfolge DINGLERS interpretiert HOLZKAMP 1968 ‚Wissenschaft als Handlung' und definiert das Experiment als eine Sonderform von Handeln:

„Das Experiment ist für uns gekennzeichnet durch eine besondere Art des Realisationsbemühens und zwar den *Versuch, die einer Allgemeinaussage entsprechenden realen Gegebenheiten durch veränderndes Eingreifen in die Realität herzustellen"* (K. HOLZKAMP 1968, S. 53).

Dem Wortlaut der Definition nach wird der experimentelle Gegenstand durch veränderndes Eingreifen in die Realität hergestellt.

Demnach ist eine — wie auch immer geartete — Realität vorausgesetzt, die jedoch durch das experimentelle Handeln eine bestimmte Strukturierung erfährt, eben in bestimmter Weise hergestellt wird.

Während HOLZKAMP von ‚Herstellung' spricht, faßt NYMAN (A. NYMAN 1949, S. 86), der ebenfalls in der Nachfolge DINGLERS gesehen werden kann, das konstruktive Moment des Experiments terminologisch als ‚Herausschälung' eines bestimmten Sachverhalts aus einem Ganzen. In diesem Terminus ist die Realität, als ein Etwas, aus dem es etwas herauszuschälen gilt, gleichermaßen vorausgesetzt.

Die absichtliche und planmäßige Einflußnahme des Vls auf den Untersuchungsgegenstand, wie auch die Herstellung der Versuchsbedingungen, können das Experiment nicht hinreichend von anderen empirischen Methoden abgrenzen.

So ist die teilnehmende Beobachtung (vgl. R. KÖNIG 1965, S. 36), als eigenständige Methodenform (vgl. 2.3.2.), durchaus dadurch gekennzeichnet, daß der Vl als teilnehmender Beobachter planmäßig und absichtlich auf den ihn interessierenden Untersuchungsgegenstand einwirkt und durch sein Handeln bestimmte Versuchsbedingungen gestaltet. Allerdings sind dem Vl in diesem Falle Grenzen der Manipulierbarkeit der Versuchsbedingungen gesetzt, die im Experiment nicht in dem Maße bestehen. Der Unterschied, der hinsichtlich der Manipulation des Vls auf den Untersuchungsgegenstand zwischen dem Experiment und der planmäßigen, teilnehmenden Beobachtung besteht, ist nur graduell. Die Trennung ist jedoch mit Hinblick auf ein nur graduell verschieden ausgeprägtes Merkmal wesentlich schwieriger zu vollziehen als mit Bezug auf ein Merkmal, das nur dem Experiment, nicht aber den anderen empirischen Methoden, zukommt.

Ein solches qualitatives Kriterium ist weitestgehend in der systematischen und kontrollierten Bedingungsvariation gegeben.

2.2.3. Auf ‚Bedingungsvariation' akzentuierende Begriffsbestimmungen

Das dritte schon bei WUNDT angesprochene Moment des Experiments ist die Variation.

Für LEWIN 1927 (S. 385) besteht das Wesen des Experiments in der systematischen Variation und Analyse von Bedingungen.

Ebenso hebt MEILI 1963 in besonderer Weise auf die Bedingungsvariation ab:

„Das gemeinsame Merkmal, das allen diesen verschiedenen Untersuchungsmethoden, die man als experimentell bezeichnet, zukommt, ist die Tatsache, *daß darin der ‚Experimentator' unter möglichst genau von ihm hergestellten, kontrollierten und variierten Bedingungen gewisse Reaktionen, Verhaltensweisen, Äußerungen, Erlebnisse, sei es in qualitativer oder quantitativer Weise registriert, um damit eine bestimmte Hypothese über die Abhängigkeit der Ergebnisse von den Bedingungen zu verifizieren"* (R. MEILI 1963, S. 2).

Die kontrollierte Bedingungsvariation wird u.v.a. von F. S. CHAPIN (1965, S. 221), R. S. WOODWORTH (1950, S. 2), R. S. WOODWORTH und H. SCHLOSBERG (1954) und G. H. ZIMNY (1961) als ein Kernmerkmal der experimentellen Handlung angesehen[1].

Wir haben die systematische und kontrollierte Variation von Bedingungen als Merkmal bezeichnet, das nur dem Experiment zukommt.

Die Variation von Versuchsbedingungen setzt die mehrmalige, unter jeweils verschiedenen Bedingungen ablaufende Beobachtung voraus, wobei sich die Versuchssituationen bis auf einen oder einige in bestimmter Weise kontrollierte Faktoren gleichen. Empirische Verfahren, die sich der systematischen Bedingungsvariation bedienen, wollen wir als Experiment bezeichnen, wobei dem Experiment darüber hinaus auch andere der bereits angesprochenen Merkmale zukommen.

Die Variation von bestimmten Bedingungen bei Konstanthaltung anderer Bedingungen in verschiedenen Situationen kann in aller Regel nicht außerhalb des psychologischen Laboratoriums erfolgen und ist mithin nicht durch die Methoden der Beobachtung zu leisten. Laufen jedoch auch außerhalb des psychologischen Laboratoriums Vorgänge mehrmals in gleicher Weise ab, so kann der Vl auch hier bestimmte Be-

---

1 Die Variation wurde bereits 1906 von Mach (E. Mach, 1906, S. 183) als die Grundverfahrensweise des Experimentierens bezeichnet.

dingungen variieren; wir sprechen in diesem Fall vom Feldexperiment
(vgl. 4.3.2.2.).

Aber auch durch das Kriterium der systematischen Bedingungsvariation werden nicht alle in der Psychologie üblicherweise als Experiment bezeichneten Untersuchungsverfahren restfrei gegen andere Me-
toden abgegrenzt. In einem Experiment, das eine spezifische Erwartung hinsichtlich des Verlaufs der Vergessenskurve sinnloser Silben
prüft, wird die Variation auf Seiten der unabhängigen Variable als Realisierung verschiedener Zeitintervalle vollzogen. Hätte man jedoch eine
hochspezifische Erwartung hinsichtlich der Menge der behaltenen Silben, die sich allein auf einen Zeitpunkt bezieht, so könnte der Grenzfall eintreten, daß die Variation der Versuchsbedingungen gänzlich
entfällt.

Es ergeben sich für die Klassifikation dieses Grenzfalls drei Möglichkeiten:

1. Man sieht diesen Versuch im Zusammenhang einer Kette von
Versuchen und kann mit Hinblick auf diesen größeren Rahmen wieder
von Variationen und mithin vom Experiment sprechen. Dieser Begriff
‚Experiment‘ bezöge sich dann jedoch nicht auf den geschilderten Vor-
gang allein, dieser würde vielmehr als Teilkomponente eines komplexen
Ansatzes verstanden werden müssen.

2. Man ist auch dann bereit, von einem Experiment zu sprechen,
wenn keine Bedingungsvariation vorliegt. In diesem Fall muß ein neues,
an die Stelle der Bedingungsvariation tretendes Kriterium aufgestellt
werden.

3. Man behält das Kritierum der Variation durchgehend bei und
rubriziert bestimmte Grenzfälle nicht mehr als Experiment.

Bei der ersten Lösung muß man ggf. zeitlich und räumlich distante
wie personell unterschiedene Versuche als *ein* Experiment auffassen.

Bei der zweiten Lösung ist man gezwungen, ein Zusatzkriterium
zu formulieren und steht damit in der Schwierigkeit, das Kriterium der
Bedingungsvariation nicht durchgängig ansetzen zu können.

Die dritte Lösung zeichnet sich dadurch aus, daß das Kriterium
der Bedingungsvariation durchgehend beibehalten wird. Man kann jedoch dann den von uns skizzierten Grenzfall, wenn dieser einmal auftreten sollte, auch dann nicht als Experiment bezeichnen, wenn diese
Bezeichnung durch bestimmte Umstände der situativen Gestaltung im

psychologischen Laboratorium wie auch durch eine weitgehende Festlegung der Versuchsbedingungen nahegelegt wird.

2.2.4. Auf den ‚Prüfungscharakter' akzentuierende Begriffsbestimmungen

Insbesondere in der Soziologie hat man in jüngerer Zeit das Experiment als Prüfung oder Beweis verstanden (zur Entwicklung des Experiments in der Soziologie vgl. R. PAGES 1962). Die diesbezüglichen Bestimmungsansätze gehen auf eine Definition von GREENWOOD (1945) zurück.

SIEBEL schließt sich 1965 der GREENWOODSCHEN Definition an und übersetzt sie:

„Das Experiment ist die Prüfung (proof)einer Hypothese, die zwei Faktoren in eine ursächliche Beziehung zueinander zu bringen sucht, durch eine Untersuchung in unterschiedlichen Situationen. Dabei werden die Situationnen in bezug auf alle Faktoren kontrolliert, mit Ausnahme des einen, der Gegenstand des Interesses ist, da er entweder die hypothetische Ursache oder die hypothetische Wirkung darstellt" (W. SIEBEL 1965, S. 12 bezogen auf GREENWOOD 1945).

GREENWOOD wiederholt diese Definition 1965 (E. GREENWOOD 1965, S. 177), wobei er das Experiment nicht als Prüfung, sondern als Beweis bezeichnet.

RÖHRS (H. RÖHRS 1968, S. 100 f.) erkennt für die Pädagogik die GREENWOODSCHE Definition als eine elementare Verständigungsebene an.

Der kausalhypothesenprüfende Charakter des Experimentierens wird auch von MAY (E. MAY 1949 b, S. 32) hervorgehoben, wenn er schreibt:

„Im Mittelpunkt der kausalanalytischen Forschung steht das Experiment."

Unter Betonung der Notwendigkeit theoretischer Vorannahmen beim Experimentieren definiert SPINNER (H. F. SPINNER 1969, S. 1006) das Experiment als eine Methode, die im Dienste der Prüfung von Theorien steht:

„Experimentieren ist wissenschaftstheoretisch gesehen eine Methode der Anwendung von Theorien zur kritischen Prüfung anderer Theorien an der Erfahrung... ."

Das Experiment wird in den oben aufgeführten Definitionen von einer, in bestimmter Weise festgelegten, Dienstfunktion her bestimmt, während die vorangegangenen Definitionen auf bestimmte Merkmale der experimentellen Handlung bezogen waren.

Bei einer Definition des Experiments von seiner Dienstfunktion her, ergeben sich die spezifisch experimentellen Vorgehensweisen erst sekundär aus dem festgesetzten Leitinteresse des Experimentierens, während im anderen Fall, bei der definitorischen Festlegung bestimmter Merkmale der experimentellen Handlung, es einer genauen Analyse bedarf, welche Dienstfunktion das Experiment, als Inbegriff einer bestimmten Vorgehensweise, erfüllen kann.

Uns erscheint es einfacher, eine Bestimmung des Experiments mit Bezug auf die Merkmale zu vollziehen, die sich am Handeln des Experimentators abheben lassen als mit Bezug auf die Zielsetzung des Experimentators.

Wollte man eine Bestimmung des Experiments mit Bezug auf die Zielsetzung des Experimentators leisten, müßte man zeigen können, daß sich diese Zielsetzungen in bestimmter Weise von denen unterscheiden, die die Forscher haben, die sich anderer empirischer Methoden bedienen (vgl. W. Siebel 1965 dargestellt 5.2.4.).

Eine solche Bestimmung setzt jedoch eine bestimmte Vorkenntnis dessen voraus, was als experimentelle Vorgehensweise angesprochen werden kann, da man ja ansonsten nicht wüßte, an welchen Handlungen man die spezifische Zielsetzung erheben soll. Anderenfalls wäre man gezwungen, die Bestimmung des Experiments von der Zielsetzung her als eine beliebige Setzung aufzufassen.

2.2.5. Klassifikatorische Bestimmungsansätze

Als klassifikatorische Bestimmungsansätze kann man solche Definitionen zusammenfassen, die das Experiment nicht durch die Festlegung eines oder mehrer spezifischer Merkmale kennzeichnen, sondern es durch die Einordnung in einen Methodenverband bestimmen.

Diese Klasse von Definitionen ist insofern von den vorangegangenen unterschieden, als sie durch ein formales, auf die Struktur der Definition bezogenes Kriterium bestimmt wird, während die anderen

Definitionsklassen mit Bezug auf bestimmte inhaltliche Besonderungen des Experimentierens konstituiert wurden.

CHAPIN (F. S. CHAPIN 1965, S. 221) definiert das Experiment als eine Sonderform von Untersuchung, die sich durch besondere Merkmale, wie Kontrolle, auszeichnet.

KIRCHHOFF (R. KIRCHHOFF 1958, S. 68) bezeichnet das Experiment als eine bestimmte Art ‚systematischer Gegenstandsanalytik'. In Anlehnung an eine Methodenklassifikation von KIRCHHOFF aus dem Jahre 1965 kann man das Experiment als eine bestimmte Form der ‚Sachmethode' kennzeichnen (R. KIRCHHOFF 1965, S. 3 f.).

TRAXEL (W. TRAXEL 1964, S. 14) ordnet das Experiment den ‚Methoden der Beobachtung' zu, während DÜKER (H. DÜKER 1970, S. 26) den Oberbegriff von Experiment enger faßt und das Experiment als eine ‚Methode der planmäßigen Beobachtung' bezeichnet.

Der Terminus ‚Beobachtung' bezeichnet in diesem Zusammenhang keinen Teilbestandteil der Methode des Experimentierens, sondern — in einer zweiten Begriffsfassung — eine dem Experiment übergeordnete Methodenklasse.

2.3. Entwicklung eines eigenen Begriffsansatzes

2.3.1. Vorüberlegungen

Die folgenden Überlegungen, die sich auf das Definieren in der Wissenschaft richten, beziehen sich auf das Verfahren der Definition empirischer Gegenstände. Die Methode des Definierens kann an dieser Stelle nur grob vereinfachend dargestellt werden (vgl. zur Methode des Definierens I. K. BOCHENSKI 1954; V. W. DUBISLAV 1931; G. KLAUS 1967, S. 358—378; R. ROBINSON 1950).

Gegenstandsbestimmungen vollziehen sich in der Wissenschaft auf dem Wege des Definierens. Die Definition ist eine Antwort auf die Frage, was dieser oder jener Gegenstand sei, genauer gesagt, welche Bedingungen, Eigenschaften oder Merkmale vorliegen müssen, damit von eben diesem Gegenstand gesprochen werden kann.

Definitionen können logisch weder ‚richtig' noch ‚falsch' sein, es können sich lediglich bestimmte Gegenstandsabgrenzungen als brauchbar für irgendetwas, wie etwa die Lösung wissenschaftlicher oder pragmatischer Probleme, erweisen.

Es ist weiterhin nicht erforderlich, daß definierte Begriffe ihre Entsprechung in der Realität haben. Wir können uns Begriffe vorstellen, die als Leerformen gleichsam bereit gehalten werden, um ggf. entsprechend Vorfindbares zu benennen (vgl. K. Lewin 1927 und 1930/31). In der Regel wird es jedoch so sein, daß mit einer Definition phänomenal Gegebenes oder als Konstrukt Gedachtes bestimmt werden soll.

Als Mittel zur Gegenstandsbestimmung dienen Begriffe, die ihrerseits auf Realität bezogen sind oder wenigstens prinzipiell Entsprechungen in der Realität haben könnten.

Die Frage, ob Gegenstände oder Begriffe definiert werden, kann an dieser Stelle nicht weiter verfolgt werden. Ebensowenig können wir verschiedene Formen des Definierens darstellen.

Auf unseren Untersuchungsgegenstand, das Experiment, bezogen, soll es eine Definition ermöglichen, zu klären, ob ein fragliches Verfahren als Experiment anzusprechen ist oder nicht, d.h. sie soll das Experiment möglichst trennscharf von anderen Methodenformen abgrenzen und damit identifizierbar machen.

Als auf eine Hauptform des Definierens sei auf die ‚Wesensdefinition‘ (auch ‚klassifikatorische‘ oder ‚topische‘ Definition) hingewiesen.

Bei dieser Art des Definierens wird die Gegenstandsbestimmung dadurch vollzogen, daß einmal angegeben wird, welcher nächst – allgemeineren (vgl. H. Driesch 1912, S. 140) Klasse von Gegenständen der fragliche Gegenstand zuzurechnen ist (Oberbegriff oder genus proximus) und zum anderen die Gegenstandsmerkmale aufgeführt werden, die diesen Gegenstand von anderen Gegenständen, die der gleichen Gegenstandklasse zuzurechnen sind, trennscharf unterscheiden (differentia specifica).

Im folgenden wollen wir uns eine so konstituierte Definition erarbeiten, die uns als Grundlage für unsere weiteren Erörterungen dienen soll.

Hierbei wollen wir auf die von uns zusammengestellten, tradierten Definitionsansätze Bezug nehmen. Aus drei Gründen erscheint es uns nicht sinnvoll, einen rein kunstsprachlichen Begriff von Experiment zu setzen.

1. Ein rein kunstsprachlicher Begriff von Experiment, der ohne Berücksichtigung bestehender Bestimmungsansätze etabliert wird, scheint uns nur

bedingt realisierbar, da auch ein kunstsprachlicher Begriff in umgangssprachlichen Begriffen verankert sein muß, d.h. auf irgendeiner Ebene durch diese Begriffe bestimmt wird.

2. Wir gehen davon aus, daß durch umgangssprachliche Begriffe sinnvolle Ganzheiten aus dem Total des Gegebenen ausgegliedert werden. Der wissenschaftlichen Begriffsbildung kommt somit die Aufgabe zu, die umgangssprachlichen Begriffe zuzuschärfen.

3. Ein ohne Rücksicht auf bisherige Bestimmungsansätze etablierter Begriff von Experiment muß für lange Zeit als kommunikativ unbrauchbar angesehen werden.

Der genetisch so konstituierte Begriff von Experiment soll als rahmenhafte Abgrenzung verstanden werden und uns als Arbeitsdefinition dienen.

Zwar können, wie wir betont haben, Definitionen logisch weder richtig noch falsch sein, auch können sie im Laufe der Zeit nicht veralten, weil sich Begriffe nicht wandeln, sondern allenfalls durch neue ersetzt werden, aber dennoch soll unsere Begriffsbestimmung nicht als eine abgeschlossene Festlegung verstanden werden.

Mit der von uns intendierten Begriffsbestimmung soll die Vielzahl der vorliegenden Definitionen nicht lediglich um eine weitere Definition erweitert werden; wir wollen vielmehr versuchen, eine begriffliche Fassung zu finden, die als eine integrative Zusammenfassung verschiedener Merkmale der experimentellen Handlung aufgefaßt werden kann, wie sie in unterschiedlicher Akzentuierung von verschiedenen Autoren hervorgehoben werden. Wie wir die verschiedenen Merkmale gewichten, haben wir im Vorangegangenen deutlich gemacht.

2.3.2. Einordnung des Experiments in einen Methodenverband

Indem wir im Rahmen der definitorischen Bemühungen das Experiment mit Hilfe der Wesensdefinition bestimmen wollen, müssen wir das Experiment zunächst einer Methodenklasse oder einem Methodenverband zuordnen.

Hiermit ist präjudiziert, daß wir das Experiment einmal als eine Sonderform von Methode ansehen (zur Genese des Begriffs ‚Methode‘ vgl. H. BLUMENBERG 1952) und daß wir es zum anderen für möglich halten, eine Subklasse von Methode zu konstituieren, der das Experiment zugeordnet werden kann.

Es scheint allgemein anerkannt zu sein, daß das Experiment als eine Methode anzusprechen ist. Daß es möglich ist, geleitet von dem Interesse, eine möglichst durchstruktuierte Begriffspyramide aufzubauen (vgl. H. DRIESCH 1912, S. 140), das Experiment einer Subklasse von Methode zuzuordnen, wird im folgenden zu zeigen sein.

Der von uns zu entwickelnde Oberbegriff zum Begriff ‚Experiment' muß mithin zwei Bedingungen erfüllen:

1. Der Oberbegriff von Experiment stellt eine Subkategorie des Begriffs ‚Methode' dar.

2. Diesem Oberbegriff lassen sich neben dem Experiment noch andere Methoden unterordnen.

Das Experiment kann als Sonderform der empirischen Untersuchung (F. S. CHAPIN, S. 68) bezeichnet werden. Der empirische Charakter der Untersuchung und mithin des Experiments ist dadurch gegeben, daß die Untersuchung auf empirisch antreffbare Gegenstände bezogen ist[1]; in diesem Sinne kann es auch als ‚Sachmethode' (R. KIRCHHOFF 1965) bezeichnet werden. Das Experiment, als eine so verstandene empirische Untersuchung oder Sachmethode, kann als Sonderform der systematischen Analyse emprisch antreffbarer Gegenstände oder auch kürzer als ‚systematische Gegenstandsanalyse' (R. KIRCHHOFF 1958, S. 68) näher bestimmt werden.

Dem so gefaßten Oberbegriff des Begriffs ‚Experiment' lassen sich andere empirische Methoden, wie die Beobachtung , die Befragung oder die Inhaltsanalyse, nur dann nebenordnen, wenn auch bei diesen Verfahrensweisen der Vorgang der Erfahrungsgewinnung in systematischer Weise erfolgt. Von diesen, dem Experiment nebenzuordnenden Verfahren, ist das Experiment, wie wir ausgeführt haben, durch die systematische Variation von Bedingungen unterschieden.

Die unsystematische Erfahrungsgewinnung, die wir in unserem Alltagsleben ständig vollziehen, wird durch diesen Oberbegriff nicht abgedeckt. Darüber hinaus fallen alle nicht-empirischen Methoden nicht unter diesen Oberbegriff.

Das Experiment als eine ‚Methode der Beobachtung' (W. TRAXEL 1964, S. 14) oder auch als eine ‚Methode der planmäßigen Beobachtung' zu bezeichnen, erscheint uns weniger zweckmäßig.

---

1 Ebenso sind die Termini ‚empirische Forschung' und ‚empirisches Forschen' zu verstehen.

Der Terminus ‚Beobachtung' kann in dreierlei Weise bestimmt werden:

1. Beobachtung, als Akt des Beobachtens, kann Teilkomponente einer komplexeren Methode, etwa des Experiments, sein;

2. Beobachtung kann weiter eine eigenständige methodische Vorgehensweise kennzeichnen, die, etwa als planmäßige Beobachtung, den Akt des Beobachtens als ein Merkmal des methodischen Vorgehens neben anderen enthält, wie etwa das Eingreifen in den zu beobachtenden Sachverhalt oder die Auswahl des Beobachtungsgegenstandes nach bestimmten Kriterien;

3. Die Beobachtung wird als Kennzeichnung einer bestimmten Gruppe von Methoden verwendet. Der Akt des Beobachtens, der allen empirischen Methoden eigen ist, wird zur Kennzeichnung dieser Methodenklasse verwendet.

Indem man eine Methodenklasse ‚Methoden der Beobachtung' konstituiert, leistet man einer unvertretbaren Begriffsvermengung Vorschub, die durch keine anderen Vorzüge gerechtfertigt erscheint. Statt ‚Methoden der Beobachtung' kann man auch immer den Terminus ‚empirische Methoden' verwenden, da jede Beobachtung empirischen Charakter hat und jede empirische Methode den Akt des Beobachtens konstitutiv enthält.

HOLZKAMP (K. HOLZKAMP 1964; 1968) bezeichnet das Experiment als eine Sonderform des Realisationsbemühens. Diese begriffliche Fassung ist nur vom Boden des konstruktivistischen Wissenschaftskonzepts zu verstehen[1]).

Wir wollen jedoch dieses wissenschaftstheoretische Konzept nicht dadurch in alle weiteren Erörterungen einbringen, daß wir uns bereits im Zusammenhang begrifflicher Festlegungen dieser Terminologie verschreiben.

Zwar kann hinter jedem Begriff ein wissenschaftstheoretisches Konzept angenommen werden, nur scheint uns, daß mit dem Terminus ‚Realisationsbemühen' eine weit spezifischere Festlegung erfolgt, als mit dem Terminus ‚systematische Gegenstandsanalyse'. Mit dem Terminus ‚Realisationsbemühen' ist bereits eine dahingehende Festlegung vollzogen, daß sich das methodische Vorgehen auf dem Wege

1 Vgl. auch als eine erste Kritik des HOLZKAMPschen Ansatzes N. GROEBEN 1970; H. ALBERT 1971; R. MÜNCH und M. SCHMIDT 1970.

22

des Realisierens vollzieht, wobei zunächst offen bleibt, was realisiert wird und was ‚realisieren' heißt.

2.3.3. Hauptmerkmale des Experiments

Innerhalb der dem Experiment zugeordneten Gegenstandsklasse (‚systematische Gegenstandsananlyse') können wir das Experiment durch eine Zusammenstellung seiner Hauptmerkmale kennzeichnen, die es (i. S. einer differentia specifica) von anderen Methoden abgrenzen, die dem Experiment nebenzuordnen sind.

Das Experiment vollzieht sich durch planmäßiges und systematisches Handeln des Vls.

Er greift in ein Geschehen ein, indem er Bedingungen herstellt, kontrolliert (R. B. CATTELL 1966; F. S. CHAPIN 1965; R. MEILI 1963; W. METZGER 1952 und 1956) und variiert (F. S. CHAPIN 1965; E. MACH 1906; R. MEILI 1963; R. S. WOODWORTH 1950; R. S. WOODWORTH und H. SCHLOSBERG 1954; G. H. ZIMNY 1961), d.h. er wirkt willkürlich auf seinen Untersuchungsgegenstand ein (W. WUNDT 1898; R. KÖNIG 1965).

Durch das Erstellen bestimmter Bedingungen löst der Vl einen Vorgang aus (W. TRAXEL 1964) oder „stellt ihn her" (K. HOLZKAMP 1964 und 1968).

Er beobachtet dabei seinen Untersuchungsgegenstand (R. B. CATTELL 1966; R. MEILI 1963; W. METZGER 1952 und 1956; W. WUNDT 1898) und beschreibt ihn der Intention nach phänomenangemessen.

Der Vl handelt in dieser Weise, um Kenntnisse über allgemeine (nomothetische) Gesetzmäßigkeiten (H. SELG 1969, S. 27) zu erlangen, zu erweitern oder auf ihre faktische Stichhaltigkeit zu prüfen (R. MEILI 1963; W. METZGER 1952 und 1956; H. F. SPINNER 1969).

2.3.4. Die Verwendung der Begriffe ‚Experiment', ‚Experimentieren' und ‚experimentelle Handlung'

Das Experiment wird durch das Handeln des Vls konstituiert. Das experimentelle Handeln oder Experimentieren bestimmt das Experiment restfrei, d.h. das Experiment weist keine Merkmale auf, die nicht bereits durch das experimentelle Handeln mitgesetzt wären.

Wir legen hierbei einen sehr weiten Begriff von Handlung zugrunde. Er umfaßt den Anlaß, den Entwurf, die Prüfung, die Durchführung, die Auswertung, die Ausschöpfung und Darstellung der experimentellen Handlung, aber auch die Aspekte, die sich am Handelnden und am Objekt der Handlung (als notwendigen Teilgliedern der Handlung) abheben lassen (vgl. 3.3.).

Begriffslogisch sehen wir keinen Anlaß, zwischen dem Experiment, dem Experimentieren und der experimentellen Handlung zu unterscheiden; über diese denotative Begriffsgleichheit hinaus muß jedoch auf den unterschiedlichen konnotativen Bedeutungshof der angesprochenen Begriffe hingewiesen werden.

Während der Terminus ‚Experiment' das statische, in sich verharrende, abgeschlossene Moment herausstellt, akzentuiert der Terminus ‚Experimentieren' die Verlaufsgestalt, das Prozeßhafte, die, bezogen auf das Tun des Vls, auch als ‚experimentelle Handlung' angesprochen werden können.

Wir verwenden im folgenden diese Begriffe mit Rücksicht auf die angesprochenen Begriffskonnotationen.

2.3.5. Definition des Experiments

Das Experiment kann als eine Sonderform der systematischen Analyse empirisch antreffbarer Gegenstände (systematische Gegenstandsanalyse) definiert werden, die sich im experimentellen Handeln (=Experimentieren) verwirklicht und die durch die systematische Variation von Bedingungen gegenüber anderen Formen der systematischen Gegenstandsanalyse abgegrenzt werden kann.

Mit Hilfe des (Forschungs-) Experiments intendiert der Experimentator allgemeine (nomothetische) Kenntnisse über einen Gegenstand zu erlangen, zu erweitern oder über Hypothesen zu entscheiden.

Zu diesem Zweck handelt er systematisch derart, daß er bestimmte Bedingungen herstellt, variiert, isoliert und kontrolliert sowie das unter diesen Bedingungen Beobachtbare beschreibt und theoretisch einordnet.

3. Merkmale der experimentellen Handlung

3.1. Vorbemerkungen

Wie wir ausgeführt haben, kann das Experiment als eine bestimmte Besonderung menschlichen Handelns angesehen werden. Diese experimentelle Handlungsweise ist durch bestimmte Merkmale gekennzeichnet. Diese sind z.T. bereits als Hauptmerkmale der experimentellen Handlung zur definitorischen Festlegung des Experiments herangezogen worden.

3.2. Systematisierende Vorüberlegungen

Die Ordnung der Merkmale der experimentellen Handlung soll unter Zugrundelegung der GÖRLITZschen Handlungs-Anweisung durchgeführt werden.

Diese stellt sich nach GÖRLITZ (D. GÖRLITZ 1972, S. 119) auf ihrer ersten Differenzierungsstufe wie folgt dar:

Jemand	irgendjemand/ jemand Bestimmtes
tut etwas	irgendetwas/ etwas Bestimmtes
so	irgendwie/ in bestimmter Weise
dort	in irgendeiner Situation/ in einer bestimmten Situation
an etwas	an irgendetwas/ an einem bestimmten Gegenstand
mit	irgendeiner Zielsetzung/ einer bestimmten Zielsetzung
bei	irgendeiner Verwirklichung/ bestimmter Verwirklichung
diene diese Zielsetzung	zu irgendetwas/ zu Bestimmtem.

Durch die so aufgefächerte Handlung werden z.T. Momente des experimentellen Handelns angesprochen, die bereits durch die von uns vorgeordnete Systematik des KIRCHHOFFschen Fragekatalogs abgedeckt werden.

So wird durch die ‚Wie-Frage‘ die Beschaffenheit der Merkmale des Experiments und mithin die bestimmte Weise des ‚Tuns‘ des Experimentators thematisiert.

Die Teilaspekte der Handlung, die sich auf das Handlungsziel beziehen, entsprachen dem vom Fragekatalog angesprochenen finalanalytischen Aspekt der Gegenstandsbetrachtung.

In einer Analyse der experimentellen Handlung müssen wir die Situation, in der diese Handlung wirksam wird, dem Handeln des Experimantators insofern anlasten, weil er entweder

1. die Situation aus bestimmten Gründen in bestimmter Weise gestaltet oder nach bestimmten Kriterien auswählt oder

2. keine besonderen Reflexionen über die situativen Gegebenheiten anstellt, dann aber, indem er irgendeine Versuchsituation ‚auswählt‘, in der er seine Versuche durchführt, diese mit allen ihren Determinanten toleriert.

Die Verwirklichung, die die Handlung mit Richtung auf ein Handlungsziel im Experiment erfährt, verstehen wir — bezogen auf experimentelles Handeln — als qualitative und/oder quantitative Auswertung. Die Auswertung kann dem Handeln des Vls gleichermaßen zugerechnet werden.

Aus diesen Überlegungen ergibt sich in diesem Zusammenhang für die Gliederung eine reduzierte Form der Handlungs-Anweisung:

Jemand	(der Experimentator)
tut etwas	(handelt, indem er bestimmte Forschungsmethoden in bestimmter Weise anwendet)
an etwas	(an dem ihn interessierenden Forschungsgegenstand)

Zu jedem der hier so aufgefächerten Teilmomente des experimentellen Handelns lassen sich formale und inhaltliche Differenzierungen und Detaillierungen vornehmen.

3.3. Auffächerung der Merkmale des Experiments

3.3.1. Merkmale, bezogen auf den Versuchsleiter

Dem Vl kommen bestimmte Merkmale zu. Zunächst ist er ganz allgemein durch sein Sosein gekennzeichnet, er ist ein Mensch, der durch sein Alter, durch sein Geschlecht wie durch seine Erlebens- und Verhaltensweisen gekennzeichnet werden kann.

Da dem Vl eine zentrale Stelle im Experiment zukommt, muß die Person des Vls einer genauen Analyse unterzogen werden. Insbesondere erscheinen in unserem Żuammenhang die Vl-Merkmale wichtig, die, auf welcher Stufe des experimentellen Handelns immer, einen Einfluß auf die Untersuchungsergebnisse ausüben.

Wir wollen den Einfluß, der von dem Vl auf das Experiment intentional oder nicht intentional genommen wird, an den einzelnen Stationen der experimentellen Handlung aufzeigen, an denen er jeweils relevant wird.

3.3.2. Merkmale, bezogen auf das Handeln des Versuchsleiters

Im folgenden wollen wir sieben Etappen der experimentellen Handlung unterscheiden (vgl. hierzu H. J. FIETKAU, D. GÖRLITZ und W. REDA 1970; wie zu technischen Einzelheiten des experimentellen Ablaufs H. SELG 1969, S. 79–105).

3.3.2.1. Anlaß

Der Anlaß zu einer experimentellen Untersuchung kann aus unbestätigten Alltagserfahrungen des Vls, aus seinen spezifischen Interessen stammen. Darüber hinaus geben vielfach äußere Erfordernisse den Anstoß zu einer experimentellen Arbeit, die in vielfältiger Weise aufgegliedert werden könnten. Nicht zuletzt müssen in diesem Zusammenhang Unstimmigkeiten innerhalb eines theoretischen Systems genannt werden, die dazu führen können, daß der Vl mittels experimentellen Handelns bemüht ist, sich über diesen fraglichen Gegenstand Klarheit zu verschaffen (vgl. 8.).

Aus diesem, mitunter recht unspezifischen Anlaß ergibt sich, nach Sichtung der, innerhalb des jeweiligen Problembereichs vorliegenden, wissenschaftlichen Ergebnisse, Probleme und Lösungsansätze, die Zuschärfung der Fragestellung zu einer zu untersuchenden Hypothese (‚Theoretischer Satz‘ i. S. HOLZKAMPS 1964).

Der Experimentator kann mit seiner Hypothese eine spezifische Ereigniserwartung zum Ausdruck bringen (vgl. K. HOLZKAMP 1964, S. 90), er kann sich aber auch zunächst für eine Mannigfaltigkeit möglicher Reaktionsweisen seines Gegenstandes offenhalten.

In jüngeren experimentellen Untersuchungen begegnen uns in zunehmenden Maße Experimente, die sich durch eine spezifische Ereigniserwartung auszeichnen, die in der Versuchshypothese ausformuliert wird.

Die Hypothesen werden hierbei in der Regel als sog. Null- und Alternativhypothesen formuliert. Die Nullhypothese (H_0) besagt, daß zwei oder mehrere Stichproben ein und derselben Grundgesamtheit entstammen (vgl. G. A. LIENERT 1962, S. 25), während die Alternativhypothese (H_1) einen spezifischen Unterschied der beiden Stichproben hinsichtlich der Beschaffenheit der abhängigen Variablen postuliert.

Die H_1 kann in zweierlei Weise formuliert sein: mit ihr kann einmal die Erwartung irgendeines Unterschiedes ausgedrückt werden (zweiseitige Formulierung), d.h. die so formulierte H_1 deckt eine stärkere und schwächere, häufigere und geringere Ausprägung der abhängigen Variablen in einer der Versuchsgruppen ab.

Bei einseitiger Formulierung der H_1 ist die Erwartung spezifischer. Hierbei wird durch die Hypothese explizit angegeben, ob eine stärkere oder schwächere, häufigere oder geringere Ausprägung der abhängigen Variablen in der einen oder anderen Stichprobe erwartet wird.

Unabhängig von der jeweiligen Wahl der Formulierung der Hypothese muß gewährleistet werden, daß die Null- und Alternativhypothese zusammen den gesamten denkbaren Ereignisspielraum abdecken, der durch die Wahl der abhängigen Variablen vorgegeben ist.

3.3.2.2. Entwurf

Im Anschluß an die Ausformulierung der Versuchshypothesen entwickelt der Vl einen auf diese Hypothesen bezogenen Versuchsplan oder Entwurf, in dem er zunächst die Variablen operational definiert, die in der vorgeordneten Versuchshypothese angesprochen werden, indem er angibt, was er zu deren Realisierung tun will oder, für die abhängige Variable, wie er sie zu erheben beabsichtigt.

An dieser Stelle werden mithin Detaillierungen und Spezifizierungen der in der Versuchshypothese i.e.S. oder in HOLZKAMPscher Terminologie als ‚Experimenteller Satz' bezeichnet werden.

Die im Experiment zu realisierenden Variablen können einmal im Experiment hergestellt und zum anderen aus einer Mannigfaltigkeit ausgewählt werden. Der Herstellungsanteil kann nach Holzkamp (K. Holzkamp 1964, S. 24 f.) als konstitutiv für das spezifisch experimentelle Handeln angesehen werden. Beide Teilkomponenten sind immer zugleich in einem Experiment aufweisbar.

Holzkamp (K. Holzkamp 1964, S. 24 f.) bestimmt das herstellende Realisieren als die Bemühung, „...die einer Allgemeinaussage entsprechenden realen Verhältnisse durch *veränderndes Eingreifen* in die Realität zu erreichen".

In dieser Fassung ist der Konstruktivismus (Terminus: K. Holzkamp 1970 b) so zu verstehen, daß das experimentell evozierte Phänomen nicht unabhängig von der, wie auch immer gefaßten, Realität ‚hergestellt' wird. Die experimentelle Phänomengewinnung vollzieht sich auf dem Wege des Eingreifens in die Realität, d.h. die Realität ist immer bereits notwendig vorausgesetzt. Das experimentelle Phänomen selbst wäre nach dieser Interpretation des Kontruktivismus als eine durch bestimmtes Eingreifen in reale Verhältnisse mit methodischen Indizes versehene und ggf. verzerrte Realität anzusehen.

In dieser Fassung würde sich der Konstruktivismus jedoch nicht von einer wissenschaftstheoretischen Grundposition unterscheiden, wie sie auch der kritische Realismus vertritt.

Die Holzkampsche Unterscheidung in Herstellungs- und Selektionsanteil des experimentellen Handelns bezieht sich also, gemäß unserer Interpretation, nicht auf die Beschaffung, sondern auf die Behandlung des experimentellen Gegenstandes.

Die Beschaffung des Gegenstandes erfolgt immer dadurch, daß der Vl den experimentellen Gegenstand aus einem Gesamt möglicher Gegenstände auswählt. Diese Auswahl erfolgt mit Bezug auf den vorgeordneten theoretischen Satz (Hyothese) gemäß bestimmter Repräsentanzkriterien, die Holzkamp 1964 als ‚Subjektrepräsentanz', ‚Umgebungsrepräsentanz' und ‚Handlungs- und Erlebensrepräsentanz' differenziert dargestellt hat.

Wenn wir also in diesem Zusammenhang von Herstellung sprechen, so meinen wir damit die Herstellung von Versuchsbedingungen und wollen diesen Terminus nicht auf die Herstellung experimenteller Phänomene bezogen wissen.

Bereits beim Entwurf muß der Vl die Auswertemöglichkeiten, die sich aus seinem Untersuchungsansatz ergeben, berücksichtigen, wobei der Untersuchungsansatz ggf. nach Maßgabe besserer Auswertetechniken modifiziert werden kann. Dies kann natürlich nicht so verstanden werden, daß der Vl seine Fragestellung den Auswertemöglichkeiten anpaßt.

Die an dieser Stelle zu erörternden Möglichkeiten der experimentellen Planung i.e.S. (design) können im Zusammenhang dieser Arbeit nicht dargestellt werden (vgl. hierzu R. B. CATTELL 1966; A. L. EDWARDS 1959, 1963; W. T. FEDERER 1963; R. FISHER 1966; R. F. KIRK 1969; B. J. WINER 1962).

Mit den im Zusammenhang der Planung des Experiments erfolgenden Festlegungen determiniert der Vl bereits seine Versuchsergebnisse in bestimmter Weise. So sind u.a. die Einflüsse zu berücksichtigen, die sich aus einer in bestimmter Weise formulierten Instruktion ergeben (vgl. W. EDWARDS 1961; W. J. SCHLICHT 1968) wie die, die durch die Wahl einer bestimmten Versuchssituation gesetzt werden (D. O'DONOVAN 1968; J. Ex 1960; J. L. KAVANAU 1964). Ebenso ist die Operationalisierung der im theoretischen Satz angesprochenen Variablen innerhalb gewisser Grenzen, die durch die allgemeine, interindividuelle Bedeutung der theoretischen Begriffe vorgegeben sind, der subjektiven Entscheidung des Vls anheimgestellt.

3.3.2.3. Prüfung

Diesen begriffsmethodischen Operationen kann sich eine etwa auf dem Wege über Vorversuche vollzogene Prüfung der im Entwurf getroffenen Festlegung anschließen, die diese auf ihre Handhabbarkeit untersucht, sowie mögliche situative Störkomponenten zu eruieren trachtet. Die Prüfung des experimentellen Ansatzes kann zu einer Beibehaltung, teilweisen Abänderung oder gänzlichen Ablehnung des Entwurfs führen. Nach einer Neukonzeption des Entwurfs können ggf. abermals Phasen der Prüfung durchlaufen werden.

3.3.2.4. Ausführung

Im Anschluß an die Prüfung realisiert der Vl seinen Entwurf in der Ausführung, indem er in vorausgeplanter und festgelegter Weise den ihn interessierenden Gegenstand auswählt, ihn in eine definierte

Versuchssituation stellt, ihn bestimmten kontrollierten Versuchsbedingungen aussetzt und bestimmte Daten an ihm erhebt.

Hierbei steht der Vl in der Regel in direktem Kontakt mit seinen
Vpn. In dieser spezifischen sozialen Situation bleibt eine – wie immer
ablaufende – Kommunikation zwischen dem Vl und der Vp nicht aus.

So konnten insbesondere ROSENTHAL und seine Mitarbeiter in
zahlreichen Untersuchungen nachweisen, daß die Erwartungen, die
der Vl bezüglich seiner Versuchsergebnisse hat, ihren Niederschlag
in den Versuchsergebnissen finden. Diese Befunde blieben jedoch
nicht unbestritten.

Es erscheint mit Hinblick auf die zu diesem Problem vorliegende,
recht umfangreiche und teilweise widersprüchliche Literatur unbedingt erforderlich, detailliert die Bedingungen zu analysieren, unter
denen die sog. Versuchsleitereffekte (experimenter effects, experimenter bias) zu erwarten sind.

Aber nicht nur die Erwartungen des Vls hinsichtlich der Versuchsergebnisse können die experimentellen Befunde beeinflussen.
Von vornherein kann kein Merkmal des Vls als Einflußgröße auf die
experimentellen Daten ausgeschlossen werden, in Sonderheit müssen
die Interaktionen, die zwischen einem Vl und einer Vp mit jeweils
bestimmten Merkmalen bestehen, beachtet werden.

Die umfangreiche Literatur, die zu diesem Problemkreis vorliegt,
kann an dieser Stelle nicht in hinreichender Weise dargestellt werden.
Wir wollen im folgenden auf wichtige Arbeiten hinweisen, die in diesem,
in jüngster Zeit stark expandierenden Zweig methodologischer Forschung
in den letzten Jahren veröffentlicht wurden.

J. G. ADAIR und J. S. EPSTEIN 1968; T. X. BARBER und M. J. SILVER
1968 a, 1968 b; P. G. BARNARD 1968; G. A. BAYLEY 1968; M. D. BOGDONOFF,
L. BREHM und K. BLACK 1964; J. COOPER, L. EISENBERG, J. ROBERTS und B. S.
DOHRENWEND 1967; W. C. ENGRAM 1968; R. M. McFALL 1966; H. FRIEDMANN
1968; N. FRIEDMANN 1967; N. FRIEDMANN, D. KURLAND und R. ROSENTHAL
1965; A. F. GLIXMAN 1967; P. M. GORE 1963; J. HARBISON 1967; L. HARRIS
1968; L. R. INGRAHAM und G. M. HARRINGTON 1966; T. JACOB 1968; H. C.
KELMAN 1967; P. KESSEL und K. J. BARBER jr. 1968; J. MASLING 1966; P. C.
MERQUIS 1966; T. S. MOSS 1967; M. T. ORNE 1962; W. J. POWELL jr. 1968;
R. ROSENTHAL 1963 a, 1963 b, 1963 c, 1964 a, 1964 b, 1966, 1967 a, 1967 b,
1968, 1969; R. ROSENTHAL und K. L. FODE 1963; R. ROSENTHAL, N. FRIEDMAN,
und D. KURLAND 1966; R. ROSENTHAL, P. KOHN, P. GREENFIELD und N. CAROTA

1966; R. Rosenthal, R. C. Mulry, M. Grothe, G. W. Persinger und L. Vikan-Kline 1964; R. Rosenthal und G. W. Persinger 1962; R. Rosenthal, G. W. Persinger und M. Grothe 1964; R. Rosenthal, G. W. Vikan-Kline, L. und L. Vikan-Kline und R. C. Mulry 1963; R. Rosenthal, G. W. Persinger, R. C. Mulry, L. Vikan-Kline und M. Grothe 1964 a, 1964 b; D. P. Schulz 1969; H. W. Stevenson und S. Allen 1964; A. Vrolijk 1966; R. L. Wessler 1967, 1969: G. H. Winkel 1966.

Die Ausführung ist auch der systematische Ort, an dem der Vl seine Daten erhebt.

Auch hier ist die Möglichkeit der Beeinflussung der Versuchsergebnisse durch den Vl gegeben. Korner und Tripathi (I. N. Korner und R. C. Tripathi 1968) konnten zeigen, daß der Vl die Dinge, die er nicht zu sehen wünscht, sei es, weil sie seinen Ergebniserwartungen widersprechen oder sei es aus anderen Gründen, in weitaus stärkerem Maße übersieht, als andere Ereignisse.

3.3.2.5. Auswertung

Die Daten werden dann der Auswertung zugeführt, wobei sowohl die Daten, die in geplanter Weise erhoben wurden als auch die, die in zunächst nicht intendierter Weise angefallen sind, beachtet werden können.

Unter Auswertung wollen wir die Verknüpfung der angefallenen Daten nach bestimmten, ggf. mathematisch-statistischen Regeln verstehen, sofern sie im Bereich des Deskriptiven vollzogen wird.

Auswertung im deskriptiven Sinne bezieht sich natürlich nicht allein auf die sog. deskriptive Statistik. Auch komplexere statistische Prüfverfahren lassen sich zunächst als Beschreibung, etwa der Beziehung zwischen zwei oder mehreren (Vpn-)Gruppen, auffassen. Erst wenn mit Hilfe dieser so beschriebenen Verhältnisse unter Zugrundelegung eines bestimmten Wahrscheinlichkeitsniveaus Entscheidungen getroffen werden, die in der Annahme oder Ablehnung der Versuchshypothesen gipfeln, kann man von einer Interpretation der Versuchsergebnisse sprechen.

Sussman und Haug (M. B. Sussman und M. R. Haug 1967), die menschliche und maschinelle Fehlerkomponenten bei der Verarbeitung empirischer Daten untersucht haben, schlagen eine unabhängige Doppelcodierung der empirischen Daten vor.

3.3.2.6. Ausschöpfung

Die sich an die Auswertung anschließende Ausschöpfung der experimentellen Daten erfolgt auf dem Weg des Interpretierens der ausgewerteten Daten mit Bezug auf den experimentellen Satz, die Versuchshypothese i.e.S., den theoretischen Satz, als Ausgangshypothese, wie auf die zugrundeliegende Theorie.

Die Ausschöpfung der Daten wird im Zusammenhang der Dienstfunktion des Experiments näher diskutiert.

3.3.2.7. Darstellung

Im Anschluß an die Ausschöpfung der experimentellen Befunde erfolgt die Darstellung der gesamten experimentellen Handlung. Hierbei sind für wissenschaftliche Arbeiten besondere darstellungstechnische Gesichtspunkte zu berücksichtigen (vgl. hierzu die sog. APA[1]-Fibel; B. F. ANDERSON 1966, S. 109 f.; W. METZGER 1956 b, S. 203–214; W. TRAXEL 1964, S. 324–338).

3.3.3. Merkmale, bezogen auf den in Frage stehenden Untersuchungsgegenstand

Das Experiment kann grundsätzlich in allen Gegenstandsbereichen der Psychologie Anwendung finden. Von vornherein können keine Teilbereiche der Psychologie als dem experimentellen Zugriff unzugänglich bezeichnet werden.

Formal lassen sich drei Gründe dafür angeben, die dazu führen können, experimentelle Techniken nicht einzusetzen:

1. Der Forscher *darf nicht* experimentieren. Es ist ihm aus äußeren Gründen (moralische Gründe, finanzielle Gründe, politische Gründe) verwehrt.

---

1 American psychological association (ed.): Publication manual of the american psychological association. Washington D. C. 1957.

2. Der Forscher *kann* aus methodischen Gründen *nicht* experimentieren. Der fragliche Gegenstand entzieht sich dem experimentellen Zugriff.

3. Der Forscher *braucht nicht* zu experimentieren, da kein fragliches Problem besteht, bzw. da es mit Hilfe anderer Methoden bereits als hinreichend geklärt angesehen werden kann, bzw. es kann prognostiziert werden, daß andere Methoden besser geeignet sind, dieses Problem anzugehen.

WEIZSÄCKER (C. F. v. WEIZSÄCKER 1947, S. 7 f.) vertritt die Auffassung, daß das Experimentieren mit dem Menschen insofern vom Experimentieren mit der unbelebten Natur unterschieden ist, als der Mensch in weit stärkerem Maße einer ‚Geschichtlichkeit' unterliegt, d.h. durch kulturelle, historische und gesellschaftliche Bedingungen determiniert wird. Auch die unbelebte Natur untersteht nach WEIZSÄCKER einer Veränderung, nur können die zeitlichen Dimensionen hier unvergleichlich größer angesetzt werden.

Hieraus folgert WEIZSÄCKER, daß es unverhältnismäßig schwieriger sei, am Menschen zu experimentieren, als an der unbelebten Natur.

Fragt man sich jedoch, was eigentlich die Schwierigkeit, von der WEIZSÄCKER spricht, ausmacht, so zeigt es sich, daß sie sich nicht auf Anlaß, Entwurf, Prüfung, Ausführung und Auswertung bezieht, wenngleich auch auf diesen Stationen des Experimentierens in der Psychologie spezifische Erfordernisse aufzuweisen sind. Die Schwierigkeit, von der WEIZSÄCKER spricht, tritt bei der Ausschöpfung der experimentellen Befunde auf. Die Möglichkeiten der Generalisation der experimentellen Befunde sind im Rahmen der Psychologie enger gesteckt als in den Wissenschaften, die sich mit der unbelebten Natur befassen.

Nachdem wir die experimentelle Methode für alle Teilbereiche der Psychologie reklamiert haben, könnte man mit Hinblick auf den faktischen Einsatz experimenteller Techniken weiter differenzierend erörtern, in welchen Teilbereichen der Psychologie die experimentellen Vorgehensweisen nicht, kaum, bevorzugt oder an zentraler Stelle eingesetzt werden und welche sachlichen und historischen Gründe dafür verantwortlich gemacht werden können.

Eine Erörterung von Problemlage, Lösungsansätzen und Ergebnissen experimenteller Untersuchungen in verschiedenen Teilbereichen der Psychologie kann an dieser Stelle nicht geleistet werden (vgl. hierzu u.v.a. T. G. ANDREWS 1961; L. BERKOWITZ 1965; W. CRAFT et al. 1950;

34

P. Fraisse 1966; H. Heckhausen 1969; R. Meili und H. Rohracher 1968; C. E. Osgood 1964; L. Postman und J. P. Egan 1949; S. S. Stevens 1963; P. G. Swingle 1969).

Der psychologische Gegenstand, der als Erleben und Verhalten gegeben ist, wird im psychologischen Experiment durch Vpn repräsentiert.

Unabhängig von den statistischen Fragen der Stichprobenrepräsentanz stellt sich das Problem, ob, bzw. inwieweit die Vpn, die sich zu einem Experiment freiwillig zur Verfügung stellen, als repräsentativ für die Grundgesamtheit angesehen werden können, der sie entstammen.

Es ist denkbar, daß vorwiegend bestimmte Menschen, die sich hinsichtlich bestimmter Merkmale von der Grundgesamtheit unterscheiden, bereit sind, an psychologischen Experimenten als Vpn teilzunehmen.

Dieses Problem ist in jüngerer Zeit in den Blickpunkt empirisch-methodologischer Forschung gerückt, wobei, wohl aus historischen und methodischen Gründen, in Sonderheit die Stellung in der Geschwisterreihe als ein Merkmal Beachtung fand, das zwischen Personen differenziert, die bereit sind, als Vpn mitzuwirken und solchen, die nicht bereit sind, als Vpn zu fungieren (birth-order-sample-bias).

Das Phänomen, daß Erstgeborene und Einzelkinder in psychologischen Experimenten häufiger vertreten sind, als es ihrem Anteil an der Population entspricht (wobei zwischen verschiedenen Populationen unterschieden werden kann, wie die Population eines Volkes, einer Stadt, der Studenten, der Psychologiestundenten etc.), wurde von P. C. Capra und J. E. Dittes 1964 beschrieben. Nachfolgende Untersuchungen ergaben teilweise widersprechende Befunde (vgl. weiter zum Problem des birth-order-sample-bias J. Jacoby 1968; D. P. Schulz 1967; C. D. Ward 1964; A. Wolff und J. H. Weiss 1965).

Darüber hinaus wurden Störbedingungen, die bei der Rekrutierung freiwilliger Vpn auftreten, von C. N. Edwards 1968; E. E. Levitt, B. Lubin und J. P. Brady 1962; I. H. Scheier 1959; I. Silverman 1964; B. N. Singh und B. P. Roy 1963; W. T. Wilson und J. Patterson 1965 untersucht.

Die Ergebnisse von L. Lasagna und J. M. v. Felsinger 1954 und von S. Malitz 1961 legen nach Janke (W. Janke 1969 a, S. 108) nahe, daß freiwillige Vpn überdurchschnittlich psychisch und vegetativ labil sind und eine geringere soziale Angepaßtheit aufweisen.

Eine genaue Analyse der hier angesprochenen Probleme erscheint mit Hinblick auf die Generalisierbarkeit experimenteller Befunde in der Psychologie von eminent wichtiger Bedeutung (vgl. eine Zusammenstellung der Ergebnisse zum Problem der freiwilligen Vpn bei R. ROSENTHAL und R. L. ROSNOW 1969).

Über eine Analyse der Parameter hinaus, die eine freiwillige Vpn-Stichprobe von ihrer Grundgesamtheit unterscheiden, ist eine Klärung des vpn-spezifischen Erlebens und Verhaltens unbedingt erforderlich.

Es ist für das Experimentieren in der Psychologie ein unabdingbares Erfordernis, daß der Experimentator das am Erleben und Verhalten seiner Vpn abzuschätzen erlernt, das lediglich zu Lasten der experimentellen Situation geht und mithin keine Generalisation auf Alltagserleben und -verhalten gestattet.

Es ist erforderlich, eine, auf empirische Untersuchungen gegründete, Psychologie der Vpn zu schreiben, wie es HOFSTÄTTER (P. HOFSTÄTTER 1965, S. 43 f.) im Zusammenhang mit gruppenspezifischem ‚Verhalten im Laboratorium' genannt hat.

Eine Reihe empirischer Untersuchungen (A. GIORGI 1967; J. JACOBY 1968; J. MASLING 1966; L. W. MONDY 1967; I. H. SCHEIER 1959; G. I. SCHULMAN 1967; H. W. STEVENSON und S. ALLEN 1964; E. WALSTER et al. 1967, R. M. WHITMAN et al. 1962; G. H. WINKEL 1966; R. A. ZEGERS 1967) befassen sich mit der Einstellung der Vp zum Experiment, ihrer Angst vor und während des Experimentierens, ihrem rollenspezifischen Verhalten, dem im Gruppenversuch wirksamen Konformitätsdruck, mit der Auswirkung, die die Anonymität der Vpn im Experiment auf deren Erleben und Verhalten hervorruft (E. MANNICHE und D. P. HAYES 1957) wie mit dem Einfluß, den das Wissen der Vpn um die Versuchsintention ausübt (W. JANKE1969 b).

3.4. Spezielle Probleme der experimentellen Handlung

3.4.1. Das Modell der experimentellen Faktoren (i. S. SIEBELS)

Einen wesentlichen Bestandteil der experimentellen Handlung stellt die Sepzifikation der in der Versuchshypothese (Theoretischer Satz) angesprochenen Variablen dar, die dann als experimentelle Variablen (vgl. u.a. auch J. BREDENKAMP, 1969, S. 355 f.; K. HOLZKAMP

1968, S. 331–343; R. Meili 1968, S. 5 f.) oder Faktoren (in einer weiteren Begriffsfassung von W. Siebel 1965) für das weitere Handeln des Vls (als Planen, Durchführen, Auswerten, Ausschöpfen und Darstellen) von großer Bedeutung sind.

Im folgenden soll eine systematische Auffächerung der experimentellen Faktoren versucht werden, wobei wir uns weitgehend der Terminologie Siebels angeschlossen haben.

3.4.1.1. Terminologische Festlegungen

/ Die Termini Faktor und Variable werden häufig synonym gebraucht. Beide bezeichnen eine inhaltlich irgendwie festgelegte Größe des Experiments.

Wir verstehen unter einer Variablen einen Faktor, der als Kontinuum gedacht werden kann.

Faktor ist mithin der Oberbegriff von Variable und soll im folgenden seiner größeren Allgemeinheit wegen verwandt werden.

/ Faktoren können kontrolliert oder nicht kontrolliert sein. Kontrolliert sollen die Faktoren heißen, die durch den Vl isoliert, variiert oder (ggf. durch statistische Methoden) gleichverteilt werden.

/ Faktoren können versuchsrelevant oder nicht versuchsrelevant sein. Versuchsrelevant heißen die Faktoren, die in direkter oder indirekter Weise einen Einfluß auf die abhängigen Faktoren ausüben.

/ Der zu prüfende Faktor ist der Faktor, dessen hypothetische Wirkung auf die abhängigen Faktoren in Frage steht.

/ Abhängige Faktoren sind Faktoren, deren Sosein als Wirkung des zu prüfenden Faktors angesehen werden soll. Sie werden im Experiment einer Inspektion, Zählung oder Messung unterzogen.

/ Unabhängige Faktoren sind Faktoren, deren Wirkung auf die abhängigen Faktoren kontrolliert wird, da der Vl eine solche Wirkung für möglich hält.

Die Erlangung der Kenntnis dieser Wirkung steht jedoch nicht im primären Interesse des Vls. Ihn interessiert die Beziehung zwischen dem zu prüfenden Faktor und dem abhängigen Faktor. Die Kontrolle der unabhängigen Faktoren dient dazu, diese Beziehung (möglichst) rein zur Darstellung zu bringen.

/ Randbedingungen heißen die Faktoren, die nicht durch den Vl kontrolliert werden, aber durch die Auswahl der Experimentalsituation, der Vpn, durch den Versuchsablauf, das Verhalten des Vls etc. immer mitgesetzt werden.

/   Störende Bedingungen sind nicht kontrollierte, jedoch versuchsrelevante Randbedingungen.

/   Indikationsfaktoren sind störende Bedingungen, die sich auf einen Meßvorgang beziehen.

Der wesentlichste Unterschied unseres hier explizierten Begriffsansatzes zu den herkömmlichen, zumeist nur implizit gegebenen und erschließbaren Definitionen experimenteller Variablen besteht in der Trennung zwischen dem zu prüfenden Faktor, der im Zentrum des Erkenntnisinteresses steht, und den unabhängigen Faktoren, die der Vl nur zu Kontrollzwecken isoliert, variiert oder gleichverteilt. Beide Klassen experimenteller Faktoren, die scharf voneinander getrennt werden können, werden in experimentellen Untersuchungen zumeist als unabhängige Faktoren oder Variablen zusammengefaßt. Der Terminus ‚unabhängige Variable' ist in unserer Terminologie enger gefaßt als in der herkömmlichen Begriffsfestlegung.

Die Schwierigkeit, versuchsrelevante und zu prüfende Faktoren einerseits und abhängige Faktoren andererseits unabhängig voneinander zu bestimmen, kann auf die enge sachstrukturelle Verwiesenheit beider Faktorenklassen hindeuten.

Abhängige Faktoren sind nur als in Abhängigkeit von anderen stehend zu begreifen, und diese sind die zu prüfenden und versuchsrelevanten Faktoren.

Ihre Relevanz können die versuchsrelevanten Faktoren eben nur in bezug auf die abhängigen Faktoren zeigen. Ebenso lassen sich die zu prüfenden Faktoren nur mit Hinblick auf ihre Wirkungsweise, die hypothetisch mit Bezug auf die abhängigen Faktoren angenommen wird, bestimmen.

Der Vorwurf, uns sei bei unserer Definitorik an dieser Stelle der logische Fehler der Diallele unterlaufen, d.h. A wird durch B und B wird durch A bestimmt (vgl. H. DINGLER 1949, S. 13), kann letztlich nicht zurückgewiesen werden. Allein die enge sachstrukturelle Verwobenheit kann dazu führen, dieses Begriffsystem (u. U. vorläufig) zu akzeptieren.

Die formal so aufgefächerten Faktoren lassen sich mit Hinblick auf die Grundstruktur psychologischen Experimentierens nach HECK-

HAUSEN (H. HECKHAUSEN 1969, S. 17/18) inhaltlich wie folgt bestimmen:

„Der Versuchsplan psychologischer Experimente enthält maximal 5 verschiedene Kategorien von Variablen, von denen jeweils jede auch in Varianten auftreten kann. Auf Situationsgegebenheiten (S, „Stimuli") antwortet ein Organismus (0) oder eine Persönlichkeit (P) mit einer Reaktion (R). Die fünfte Kategorie ist die zeitliche Darbietungsfolge (D) oder Reihenwirkung. Man hat mit dieser Variablen immer zu tun, wenn die gleiche Vp auf mehrere Varianten von unabhängigen Variablen zu reagieren hat, seien dies S-, O- oder P-Variablen. In diesem Fall kann man die Reihenwirkung durch Zufallsverteilung oder Ausbalanzieren (Umkehrung der Darbietungsfolge) über alle einzelnen Versuchspersonen oder Parallelgruppen neutralisieren bzw. in ihrem Effekt abschätzen... Reihenwirkung ist aber keineswegs immer nur eine unangenehme Begleiterscheinung wiederholter Registrierung bei den gleichen Versuchspersonen. Sie kann auch eine unabhängige Variable von eigener theoretischer Relevanz sein...

Reaktionen (R) sind immer abhängige Variablen; es sei denn, Reaktionsketten würden registriert, in denen ein Reaktionsglied das folgende beeinflußt. Organismusvariablen (0) sind in der Regel objektiv definiert bzw. manipuliert und betreffen vor allem körperliche Verfassungen... oder neurophsiologische Prozeßstadien... Persönlichkeitsvariablen (P) sind objektiv oder phänomenal definiert und betreffen in der Regel induzierte Motivierungen für die Versuchstätigkeit oder überdauernde Persönlichkeitsmerkmale der heterogensten Art (Motive, Fähigkeiten etc. wie auch nicht-psychologische Variablen wie Alter, Geschlecht, Schichtzugehörigkeit usw.). In einem breiten Bereich ist es Geschmacksache, ob man etwas als O- oder P-Variable kategorisiert; das gilt beispielsweise für eine erlernte Wortliste wie für einen erworbenen bedingten Reflex."

Eine weitere inhaltlich sehr differenzierte Auffächerung der im psychologischen Experiment zu berücksichtigenden Variablen findet sich bei C. W. BROWN und E. E. GHISELLI 1955, S. 80 f. CATTELL (R. B. CATTELL 1966, S. 28 f.) unterscheidet 6 Parameter am Experiment, die jeweils in zwei Stufen gegeben sein können.

3.4.1.2.   Schematische Darstellung der experimentellen Faktoren

Aus der von uns vorgelegten Definitorik experimenteller Variablen läßt sich ein schematischer Überblick über die durch experimentelles Handeln realisierbaren Faktoren geben, wobei wir von der inhaltlichen Bestimmung dieser Faktoren abstrahieren wollen (vgl. Schema S. 40).

3.4.2.   Techniken zur Kontrolle von potentiellen Störbedingungen

Wie wir der Definitorik der experimentellen Faktoren entnehmen können, treten störende Bedingungen immer dann auf, wenn im Experiment versuchsrelevante Randbedingungen nicht kontrolliert werden.

Indem der Vl die Randbedingungen kontrolliert, von denen er meint, daß sie Versuchsrelevanz besitzen könnten, verlieren diese jedoch den Charakter von Störbedingungen und müssen strengerweise als potentielle Störbedingungen bezeichnet werden.

Die Kontrolle potentieller Störbedingungen kann in folgender Weise vorgenommen werden:

1. Der Vl schaltet die potentiellen Störbedingungen aus (Eliminierung, Isolation).

2. Die Komplexität des Untersuchungsgegenstandes verunmöglicht es, bestimmte, als störend vermutete Faktoren aus der Verwobenheit des Ganzen zu lösen. In diesem Fall bleibt dem Vl nur die Möglichkeit, die potentiell störenden Bedingungen nach bestimmten Kriterien auf verschiedene Versuchsgruppen zu verteilen.

a) Die potentielle Störbedingung wird durch den Vl systematisch variiert und damit in ihrer Wirkungsweise bestimmbar (Variation).

b) Die Wirkung der potentiellen Störbedingungen wird mittels einer gezielten Zuweisung zu verschiedenen Versuchsgruppen konstant gehalten. Bei der Verwendung verschiedener Versuchsgruppen wird die Vergleichbarkeit, etwa von Experimental- und Kontrollgruppe, dadurch gewährleistet, daß der Vl die Wirkung der potentiellen Störbedingungen nach der gezielten Zuweisung, die eine gleiche Ausprägung der potentiellen Störbedingung in den Versuchsgruppen erreichen soll, als in beiden Gruppen gleich annimmt (gezielte Zuweisung).

c) Die Wirkung potentieller Störbedingungen wird in den verschiedenen Versuchsgruppen dadurch konstant gehalten, daß die po-

Schematische Darstellung der experimentellen Faktoren

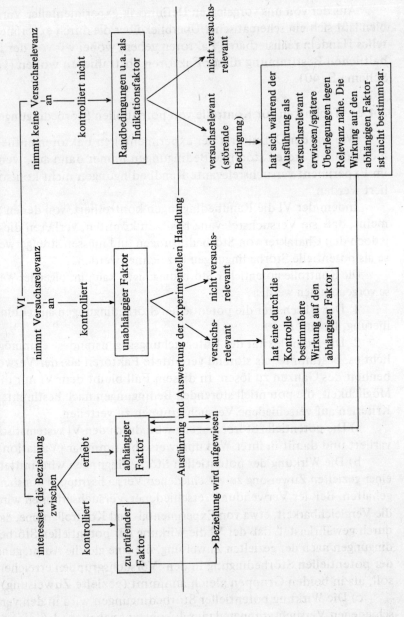

tentiell störenden Faktoren per Zufall den Gruppen zugeordnet werden (Randomisierung).

Eine detaillierte Darstellung experimenteller Kontrollmöglichkeiten geben u.a. B. F. ANDERSON 1966, S. 28 f.; J. BREDENKAMP 1969, S. 340 f. sowie C. W. BROWN und E. E. GHISELLI 1955, S. 76–104. Aus den Kontrollerfordernissen und Möglichkeiten psychologischen Experimentierens ergeben sich bestimmte Planungsformen des Experiments (vgl. die unter 3.3.2.2. genannte Literatur).

Beim Experimentieren in der Psychologie ist es häufig nicht möglich, störende Bedingungen zu eliminieren. Bei den Vpn, die als Repräsentanten einer Mannigfaltigkeit eng miteinander verknüpfter Systemdeterminanten angesehen werden können, ist es nicht möglich, bestimmte Persönlichkeitsvariablen zu isolieren.

Aus diesem Grund finden in der Psychologie in der Regel die unter 2. genannten Techniken zur Kontrolle potentieller Störbedingungen Verwendung.

Als strukturell einfachste Form des Experimentierens mit mehreren Versuchsgruppen kann das Experimentieren mit einer Experimental- und einer Kontrollgruppe angesehen werden. Hierbei können zwei Grundformen unterschieden werden:

1. Die Versuchsgruppen unterscheiden sich hinsichtlich bestimmter Parameter und werden gleich behandelt.

2. Die Gruppen gleichen sich bezüglich bestimmter Parameter und werden verschieden behandelt.

Beispiele:

ad 1) Eine Gruppe klinisch auffälliger Vpn wird hinsichtlich bestimmter Verhaltensweisen unter bestimmten Bedingungen untersucht. Als Kontrollgruppe dient eine Vpn-Gruppe, die die Normalpopulation repräsentiert. Beide Gruppen werden den gleichen Bedingungen ausgesetzt. Der zu prüfende Faktor wird nicht in die Experimentalsituation eingeführt, sondern war in der Experimentalgruppe, als klinische Auffälligkeit, bereits vor Beginn des Experiments gegeben.

ad 2) Zwei Versuchsgruppen, die sich hinsichtlich bestimmter Merkmale gleichen (der Intention nach mindestens hinsichtlich der versuchsrelevanten Merkmale) werden in einem Lernexperiment unterschiedlich behandelt, indem sie unter verschiedenen Bedingungen lernen müssen. Der zu prüfende Faktor wird erst in der Versuchssituation eingeführt. Er kann inhaltlich in unserem Beispiel des Lernexperi-

42

ments etwa darin bestehen, daß die Experimentalgruppe beim Lernen einer bestimmten Lärmbelästigung ausgesetzt wird, während die Kontrollgruppe unter normalen Bedingungen arbeiten kann.

Diese beiden Grundformen können als grundlegend für komplexere multivariate Designformen angesehen werden, in denen sie dann auch simultan kombiniert auftreten können.

Der Vl, der sich zweier oder mehrer Versuchsgruppen bedient, ist gezwungen, über die Wirkungsweise seiner experimentellen Faktoren in den verschiedenen Versuchsgruppen bestimmte Annahmen zu treffen, um die Vergleichbarkeit dieser Versuchsgruppen zu gewährleisten.

Diese Annahmen sollen im Zusammenhang der Erörterung der wissenschaftstheoretischen Voraussetzungen des Experimentierens näher diskutiert werden (vgl. 10.3).

3.4.3. Techniken zum Nachweis relativ schwacher experimenteller Effekte nach MACH

Mit Hilfe der Techniken, die zur Kontrolle von Störbedingungen entwickelt wurden, ist es nicht nur in fortschreitendem Maße möglich, immer präzisere Aussagen über reale Verhältnisse zu treffen, sondern, damit zusammenhängend, ermöglichen es diese Verfahrensweisen auch, relativ schwache Beziehungen zwischen zwei oder mehreren Variablen zu erkennen und unter Heranziehung statistischer Verfahren signifikant werden zu lassen.

Über die Techniken der Kontrolle von Störbedingungen hinaus gibt es weitere experimentelle Verfahrensweisen, die dazu dienen, relativ schwach ausgeprägte Effekte oder Beziehungen nachzuweisen.

Diese Techniken wurden von MACH (E. MACH 1906, S. 208 f.) zusammengestellt.

Die weitgehend formalisierte Darstellung bei MACH ist unter Heranziehung physikalischer Beispiele verdeutlicht. Wir können von vornherein nicht erwarten, daß es möglich ist, alle dort beschriebenen Verfahrensweisen auch beim Experimentieren am Gegenstand der Psychologie anzuwenden. Zu den Verfahrensweisen, von denen wir meinen, daß sie auch beim Experimentieren in der Psychologie Verwendung finden können, haben wir entsprechende Beispiele konstruiert.

1. Das Prinzip der Kompensation

Ein Umstand A bedingt die Ereignisse B und N. Den Forscher interessiert jedoch nur die Beziehung zwischen A und B. Der Faktor N muß kompensiert werden.

Jemand lernt sinnlose Silben (A), die er nach einiger Zeit wieder reproduzieren soll. Die Menge der reproduzierten Silben sei die abhängige Variable (B). Es ist möglich, daß die Vp sich unmittelbar nach Beendigung der Lernphase die Silben notiert (N) und damit einen Einfluß auf die Reproduktionsmenge ausübt, der nicht im Forschungsinteresse des Vls steht. Die Störgröße N kann nun durch geeignete Instruktion eliminiert werden.

2. Das Prinzip der Summation der Effekte

Der Einfluß von A auf B ist nur gering, so daß die Variationen von B nur schwer zu beobachten sind. Durch ein häufiges Auftreten von A kann der Effekt, den A auf B zeigt, summiert werden.

Die Wirkung einer einzigen therapeutischen Sitzung ist u.U. experimentell nicht nachweisbar. Diese Wirkung kann jedoch nach mehreren Sitzungen nachgewiesen werden.

3. Das Prinzip der Substitution

Ist die Bestimmung eines Elements im Experiment schwierig, unbequem oder unmöglich, so kann dieses Element durch ein anderes substituiert werden.

In der Psychologie kann dieses Vorgehen in dieser strengen Fassung mindestens derzeit keine Anwendung finden, da dieses Verfahren in ihren wechselseitigen Relationen eindeutig bekannte Merkmale (oder in unserer Terminologie ‚Faktoren‘) erfordert. Dieses Verfahren findet in hochformalisierten Wissenschaften Verwendung.

4. Indirekte Bestimmung durch die Methode der Kompensation (nicht mit dem Prinzip der Kompensation zu verwechseln)

Ein Effekt B ist schwer bestimmbar. Es läßt sich jedoch ein Element B- eindeutig bestimmen, das den Effekt B auslöscht. Mit der Bestimmung von B- kann gleichzeitig eine Bestimmung von B gewährleistet werden.

Eine Anwendung dieser Verfahrensweise erscheint uns in der Psychologie aus den unter 3. genannten Gründen mindestens derzeit noch nicht möglich.

5. Die Nullmethode

Kleine von A abhängige Veränderungen von B können dadurch verdeutlicht werden, indem man B durch Kompensation unwahrnehmbar macht; dadurch kann eine erhöhte Empfindlichkeit erreicht werden.

Es soll der Einfluß bestimmter Reize auf die Affektlage der Vpn ermittelt werden. Sind die Effekte, die durch die Reize evoziert werden, sehr gering, so empfiehlt es sich, die Vpn in eine möglichst affektarme Grundstimmung zu versetzen und die Reize dann auf sie wirken zu lassen. So besteht die größte Chance, Änderungen der Affektlage zu registrieren.

6. Die Technik der Zusammenfassung

Der zu untersuchende Vorgang liefert eine Komponente eines Gesamtvorgangs, der mit einer anderen bekannten Komponente abläuft und deren Resultante zu einem beobachtbaren Ergebnis führt. Aus der Beobachtung der Resultante und der Kenntnis um die mitwirkenden Komponenten lassen sich Rückschlüsse auf den zu untersuchenden Vorgang ziehen.

Sieht man von der strengen, für die Belange einer axiomatisierten Wissenschaft konzipierten Form ab, so lassen sich für die Psychologie eine Vielzahl von Beispielen anführen, die eine analoge Struktur aufweisen.

Der interessierende Vorgang kann nur als Teilkomponente eines Gesamtvorgangs realisiert werden. Die übrigen Komponenten dieses Vorganges werden als unabhängige Variablen in den Versuch eingeführt, auf diese Weise kontrolliert und in ihrer Wirkungsweise abschätzbar. Die Ergebnisse des Gesamtvorganges lassen sich dann aufdifferenzieren. So ist es etwa unter Verwendung varianzanalytischer Techniken möglich, anzugeben, welcher Wirkungsanteil auf den zu prüfenden Faktor und welcher Wirkungsanteil auf die verschiedenen mit ins Experiment einbezogenen und mitvariierten potentiellen Störbedingungen entfällt.

Die Kenntnis der Wirkungsweise der Störbedingungen ist also hierbei nicht wie bei MACH vor dem Experiment gegeben, sondern wird durch spezifische experimentaltechnische und statistische Vorgehensweisen beim experimentellen Vorgehen selbst mitbestimmt.

4. Die Beschaffenheit der Merkmale der experimentellen Handlung als Unterscheidungskriterium verschiedener Grundformen des Experimentierens

4.1. Vorüberlegungen

In der einschlägigen Literatur werden verschiedene Grundformen des Experiments in höchst verschiedener Weise unterschieden.

Die Unterscheidungen erfolgen im logisch befriedigenden Fall unter Zugrundelegung eines oder mehrerer durchgehender Kriterien[1], die sich notwendigerweise auf Merkmale der experimentellen Handlung beziehen müssen (vgl. hierzu auch einen Ansatz von W. JANKE 1969 a), da, wie wir gezeigt haben, die experimentelle Handlung das Experiment restfrei beschreibt.

Wenn im folgenden jeweils die Beschaffenheit eines Merkmals der experimentellen Handlung als Kriterium zur Unterscheidung verschiedener Grundformen des Experiments herangezogen werden soll, so muß man sich von vornherein darüber im klaren sein, daß mit der Festlegung einer bestimmten Form von Experiment auf einer Merkmalsdimension der Variationsspielraum anderer Merkmale eingeengt werden kann, da wir das experimentelle Handeln als eine Ganzheit auffassen müssen, deren Teilglieder nicht unverbunden nebeneinander stehen, sondern in komplexer Weise aufeinander verwiesen sind.

Wenn wir eine Systematik der Merkmale der experimentellen Handlung aufgestellt haben, die Anspruch auf Vollständigkeit erheben darf, dann muß es auch möglich sein, die tradierten Typisierungen des Experiments mit Rückgriff auf diese Ordnung zu klassifizieren.

Die angesprochenen Kriterien können sich einmal auf das schlichte Gegebensein oder Nichtgegebensein bestimmter Merkmale beziehen, sie können sich zum anderen auf eine bestimmte Beschaffenheit der Merkmale stützen.

---

1 Vergleiche hierzu R. B. CATTELL (R. B. CATTELL 1966, S. 28 f.) der 6 Parameter am Experiment unterscheidet, die jeweils in zwei Stufen gegeben sein können. Er kennt mit Bezug auf diese 6 Parameter $2^6 = 64$ Typen oder Grundformen des Experiments, wobei bestimmte Grundformen praktisch oder theoretisch nicht möglich sind.

Die nähere Bestimmung der Beschaffenheit der Merkmale der experimentellen Handlung kann unter Zugrundelegung der ‚Wie-Frage‘ nach KIRCHHOFF auf dreierlei Weise vollzogen werden, nämlich mit Bezug auf Qualität, Quantität und Intensität[1].

Da eine qualitative Bestimmung der Merkmale immer gegeben sein muß, wenn man von deren Quantität oder Intensität spricht, da man sonst nicht wüßte, was man zählt oder woran man die Intensität mißt, ergeben sich aus der Kombination der drei Arten der Beschaffenheitsbeschreibung vier Modi der Bestimmung von Merkmalen:

1. nach Qualität,
2. nach Qualität und Quantität,
3. nach Qualität und Intensität und
4. nach Qualität, Quantität und Intensität.

Aus der Zuordnung der experimentellen Merkmale zu drei Kategorien des experimentellen Handelns einerseits (Jemand/tut etwas/an etwas) und den vier Möglichkeiten der näheren Bestimmung dieser Merkmale andererseits ergeben sich zwölf Bestimmungsformen der Beschaffenheit der Merkmale der experimentellen Handlung, mit Bezug auf die jedes Merkmal der experimentellen Handlung seiner Beschaffenheit nach lokalisiert werden kann.

Da Typisierungen des Experiments nur mit Bezug auf dessen Merkmale, bzw. deren Beschaffenheit etabliert werden können, kann man Typisierungen des Experiments mit Bezug auf die zwölf Bestimmungsformen der Beschaffenheit der Merkmale der experimentellen Handlung klassifizieren.

Die mit Hilfe der ‚Wie-Frage‘ abgehobenen Beschaffenheitsgesichtspunkte der Merkmale der experimentellen Handlung können als Merkmalsspezifikationen aufgefaßt werden und als solche thematisiert und mit Hilfe der erneut gestellten ‚Wie-Frage‘ ihrerseits auf ihre nähere Beschaffenheit durchleuchtet werden usf. Wir haben es hier mit einem Prozeß fortlaufender Merkmalsdifferenzierung zu tun.

---

1 Zur Historiogenese der Kategorie ‚Intensität‘: „Die Ansicht, daß Qualitäten meßbar seien, wird am frühesten ausgesprochen von Richard von MIDDELTOWN (starb ca. 1307). Neben der Quantität in der hergebrachten Aristotelischen Fassung (welche er als eine quantitas molis bezeichnete) stellt dieser Denker eine neue Form der Quantität, nämlich die Intensität, die Gradstärke einer gegebenen Eigenschaft und nennt diese *quantitas virtutis*" (A. NYMAN 1949, S. 82/83).

4.2. Unterscheidungen, die sich auf den Versuchsleiter beziehen

J. S. MILL unterscheidet in natürliche und künstliche Experimente (n. E. GREENWOOD 1965, S. 178 f.), wobei das natürliche Experiment durch die Natur und das künstliche durch den Menschen geschaffen wird (qualitativer Unterschied).

Nach GREENWOOD sind beide Formen als logisch gleichwertig anzusehen, nur kommt der künstlichen, vom Menschen geschaffenen Form, ein größeres Maß an Kontrolle zu.

Die MILLsche Unterscheidung kann nicht so verstanden werden, daß die Natur als selbständiges Forschungssubjekt auftritt. Die Unterscheidung kann sich allenfalls auf die Genese der Bedingungen, unter denen geforscht wird, beziehen. Diese können entweder durch natürliche Umstände gegeben sein und durch den Vl ausgewählt werden oder aber der Vl greift aktiv in den Ablauf des natürlichen Geschehens ein und stellt sich bestimmte Bedingungen her. Das Subjekt der Erkenntnis aber bleibt in beiden Fällen der Mensch.

Die MILLsche Unterscheidung erinnert in dieser Interpratationsweise an die Unterscheidung zwischen biotischem und Laboratoriumsexperiment (vgl. etwa A. WELLEK 1947), wie auch an die HOLZKAMPsche Unterscheidung zwischen auswählendem und herstellendem Realisieren, wobei HOLZKAMP diese Abgrenzung nicht als Versuch einer Klassifikation des Experiments angesehen wissen will, sondern die beiden Merkmale als immer an jedem Experiment aufweisbare Komponenten ansieht (K. HOLZKAMP 1964, S. 24 f.).

Anders als bei der MILLschen Unterscheidung, bei der das Forschungssubjekt in beiden Fällen der Mensch bleibt, verhält es sich bei MACH, der die Fähigkeit zu experimentieren auch Tieren zubilligt.

Er bezeichnet die Handlung einer Katze, die durch Eintauchen einer Pfote in die Milch deren Temperatur prüfen will, als eine experimentelle Handlung (n. E. MACH 1906, S. 185 f.).

Selbst wenn man die Interpretation der tierischen Handlungsweise als intentionale Handlung mitvollzieht, ist hier eine Begriffsfassung von Experiment impliziert, die bei weitem den Rahmen dessen sprengt, was wir üblicherweise als Experiment zu bezeichnen pflegen.

Eine ganze Reihe von Bedingungen, die als Kernmerkmale der experimentellen Handlung angesehen werden können, sind hier nicht erfüllt. Würde man jedoch auch solche Handlungsweisen als Experiment ansehen wollen, die der oben beschriebenen Handlung analog sind, so müßte man eine ungeheure Vielfalt (menschlicher) Handlungen als Experiment bezeichnen. Der Struktur nach wäre jede Handlung Experiment zu nennen, die darin besteht, daß sich jemand eine bestimmte Information beschafft, um sein Handeln danach in sinnvoller Weise zu steuern.

Wir sehen das Experiment jedoch als eine spezifische Form menschlicher Handlung an, die durch weit mehr Bestimmungsglieder gekennzeichnet werden kann, als es in dem MACHschen Beispiel gegeben ist.

Am Vl selbst lassen sich verschieden Merkmale abheben und näher bestimmen, die dann zur Unterscheidung verschiedener Grundformen des Experimentierens herangezogen werden können. Diese sollen jedoch an den Stationen des Handelns des Vls dargestellt werden, an denen sie für das Experiment relevant werden.

4.3. Unterscheidungen, die sich auf das Handeln des Versuchsleiters beziehen

Als Handlungsstationen des Experimentierens haben wir den Anlaß, den Entwurf, die Prüfung, die Ausführung, die Auswertung, die Ausschöpfung und die Darstellung einer experimentellen Untersuchung unterschieden.

Im Zusammenhang der Ausführung fallen keine Merkmale an, die einerseits als Unterscheidungskriterien verschiedener Grundformen des Experimentierens herangezogen werden könnten und andererseits nicht bereits im Entwurf antizipiert wären.

Die verschiedenen Möglichkeiten der Ausschöpfung der experimentellen Befunde werden bereits im Zusammenhang des Anlasses der experimentellen Untersuchung thematisch und können dort erörtert werden.

Unterscheidungen, die sich auf bestimmte Besonderungen der Darstellung der experimentellen Befunde beziehen, sind uns nicht bekannt.

Somit werden wir im folgenden Typisierungen von Experiment unterschieden, die sich auf den Anlaß, den Entwurf, die Prüfung und die Auswertung der experimentellen Untersuchung beziehen.

4.3.1. Unterscheidungen, die sich auf den Anlaß der Untersuchung beziehen

Wie wir ausgeführt haben, können höchst verschiedene Gründe zur Durchführung einer experimentellen Untersuchung vorliegen. Diese Gründe führen zunächst zu einer Sichtung der zu dem fraglichen Problem vorliegenden wissenschaftlichen Arbeiten. Hierbei erlangt der Vl einen bestimmten Kenntnisstand über seinen Untersuchungsgegenstand.

Je nach Ausprägung dieses Kenntnisstandes wird der Vl Erkundungsversuche oder Entscheidungsversuche (vgl. W. METZGER 1952) planen.

Die aus dem unterschiedlichen Kenntnisstand generierenden Typen von Experiment (Erkundungsexperiment, Entscheidungsexperiment) unterscheiden sich nicht nur hinsichtlich des Anlasses der Untersuchung, sondern weisen ebenso unterschiedliche Planungsformen wie unterschiedliche Zielsetzungen auf.

Um eine zersplitterte Darstellung zu vermeiden, wollen wir diese, eigentlich an späterer Stelle zu diskutierenden Facetten des Erkundungs- bzw. Entscheidungsexperiments an der Stelle, an der die Trennung beider Typen von Experiment vollzogen wird, dem Anlaß der Untersuchung, mitdiskutieren.

Die unterschiedliche Ausprägung (Intensität) des Kenntnisstandes manifestiert sich nach HOLZKAMP (K. HOLZKAMP 1964, S. 89 f.) darin, daß einmal präzise theoretische Vorstellungen über ein Problem bestehen und mithin theoretische und im Geleit dann experimentelle Sätze formuliert werden können, in denen eine spezifische Ereigniserwartung expliziert ist (Entscheidungsversuch), während man im anderen Fall (Erkundungsversuch) solche spezifische Ereignisbehauptungen nicht begründet aufstellen kann.

Im Falle des Erkundungsexperiments wird der Vl eine Form der Versuchsauswertung planen, die es ihm ermöglicht, eine Mannigfaltigkeit möglicher Reaktionsweisen seines Gegenstandes zu erheben, während er beim Entscheidungsexperiment sein Augenmerk auf bestimmte durch die spezifische Ereigniserwartung induzierte Teilaspekte des Verhaltens richtet und diese gezielt erhebt. Darüber hinaus müssen im Stadium der Planung des Entscheidungsversuchs Kontrollerfordernisse berücksichtigt werden, die sich aus dem Anspruch auf Entscheidbarkeit der Hypothesen herleiten.

Mit Hinblick auf die Zielsetzung dieser beiden Typen des Experimentierens, die der Vl im Zusammenhang des Anlasses der Untersuchung realisiert, weist HOLZKAMP dem Erkundungsexperiment die Aufgabe zu, die Kenntnisse zusammenzutragen, die zur Formulierung spezifischer Ereignisbehauptungen notwendig sind und über die dann via Entscheidungsversuche entschieden werden kann.

Entscheidungsexperimente bezeichnet HOLZKAMP auch als ‚normale' oder ‚natürliche' Experimente, während er das Erkundungsexperiment als ‚uneigentliches' Experiment anspricht. Das Erkundungsexperiment bekommt bei HOLZKAMP den Stellenwert eines Vorversuchs eines Entscheidungsexperiments (vgl. K. HOLZKAMP 1964, S. 90).

In diesem Ansatz verliert das Erkundungsexperiment seinen Anspruch auf einen eigenständigen Forschungswert. Es ist nur mit Hinblick auf künftiges experimentelles Handeln zu begreifen.

Wenngleich wir die in diesem Gedanken steckende Notwendigkeit der Abfolge des Experimentierens im Sinne einer ‚pragmatischen Ordnung' (Terminus: H. DINGLER 1949) akzeptieren, die darin besteht, daß zunächst etwas erkannt werden muß, ehe es einer Prüfung unterzogen werden kann, meinen wir doch, daß das Erkundungsexperiment auf dem Wege der Materialschöpfung Ergebnisse liefern kann, die es als durchaus eigenständige Forschungsmethode ausweisen.

Die Klassifikation des Erkundungsexperiments als eines Vorversuchs des Entscheidungsexperiments erscheint uns mit Hinblick auf die tradierte Verwendung der Begriffe Vor- und Hauptversuch nicht möglich.

Vor- und Hauptversuche werden im allgemeinen als Stadien *einer* experimentellen Planung angesehen; Vorversuche sind hierbei intentional auf Hauptversuche hin angelegt.

Nach der Zielsetzung des Vls unterscheidet TRAXEL (W. TRAXEL 1964, S. 95) den ‚Darstellungsversuch', den ‚Test' oder ‚Prüfungsversuch' und den ‚Kausalversuch'.

Mit ‚Darstellungsversuch' meint TRAXEL sachlich das, was METZGER als Erkundungsversuch bezeichnet hat. Es geht hierbei eben darum, einen bestimmten Vorgang als solchen zur Darstellung zu bringen.

Den ‚Prüfungsversuch' oder ‚Test', den TRAXEL auch als eine Sonderform experimentellen Vorgehens ansieht, haben wir als ideographische Methode aus unserer Betrachtung ausgeschlossen.

Im ‚Kausalversuch' soll die Abhängigkeit eines Vorganges von einzelnen Bedingungen erkannt werden.

Der ‚Kausalversuch' kann jedoch nicht mit dem Entscheidungsexperiment gleichgesetzt werden. Es lassen sich unter dem Terminus ‚Entscheidungsexperiment' auch solche Experimente rubrizieren, die einen Vorgang als solchen, unabhängig von den ihn umgebenden Bedingungen betrachten. So kann man etwa ein Experiment, das eine hochspezifische Erwartung hinsichtlich des Verlaufs der Vergessenskurve sinnloser Silben prüft, nicht als einen Kausalversuch, wohl aber als einen Entscheidungsversuch auffassen. Es gibt neben Kausalhypothesen auch andere Hypothesen, über die mittels eines Entscheidungsexperiments entschieden werden kann.

Das Gesagte könnte leicht dazu führen, den Kausalversuch als eine Sonderform des Entscheidungsexperiments anzusehen. Kausalhypothesen, die dem Kausalversuch zugrunde liegen, müssen nicht bereits notwendig eine entscheidbare Form aufweisen. So ist es denkbar, daß ein Vl seine Versuchspersonen bestimmten Bedingungen aussetzt, ohne dabei spezifische Erwartungen hinsichtlich ihrer Reaktion zu haben. Die Reaktionen, die seine Vpn dann in dieser Situation hervorbringen, kann er ggf. als durch seine Versuchsbedingungen kausal determiniert ansehen.

PAGES (R. PAGES 1962) unterscheidet nach der **Zielsetzung** des Experimentators in zwei Hauptarten des Experimentierens. Das klassische Experiment (1.) zielt auf die ätiologische Erklärung eines Sachverhalts. Hier ist der Vl bemüht, deterministische Abhängigkeitsbeziehungen zu verifizieren. Neben dem klassischen Experiment kennt er das wahrscheinlichkeitstheoretische Experiment (2.), das auch als probabilistisches Experiment bezeichnet werden kann. Hier haben die vorgeordneten theoretischen Sätze die Form von Wahrscheinlichkeitsaussagen.

Sieht man die Kausalaussage als den Grenzfall probabilistischer Aussagen an, so würde es sich bei dieser Typisierung von Experiment um eine Unterscheidung handeln, die mit Bezug auf ein graduell unterschiedliches Merkmal konstituiert wird (Intensität). Die Unterscheidung auf dem Kontinuum der Sicherheit der Voraussagen von Ereignissen ist sehr leicht zu treffen, die Voraussagewahrscheinlichkeit müßte $p = 1$ sein, damit die zugehörige Aussage als Kausalaussage angesprochen werden kann. Sieht man die Kausalität als etwas grundsätzlich von der Wahrscheinlichkeit Unterschiedenes an, so ist die Unterscheidung zwischen Kausalversuch und probabilistischem Versuch qualitiativer Art.

4.3.2. Unterscheidungen, die sich auf den Entwurf der Untersuchung beziehen

4.3.2.1. Unterscheidungen, die sich auf die Beschaffung des Gegenstandes beziehen

Beim Entwurf einer experimentellen Untersuchung sind notwendig Überlegungen darüber anzustellen, wie der Gegenstand der experimentellen Untersuchung beschafft werden soll.

Die Beschaffung des experimentellen Gegenstandes kann sich auf Phänomene richten, die der Vergangenheit, der Gegenwart oder der Zukunft angehören (qualitative Unterscheidung). Mit Bezug auf diese drei Möglichkeiten unterscheidet CHAPIN (F. S. CHAPIN 1965, S. 244 f.) drei Formen experimentellen Vorgehens:

1. Der Simultanvergleich: der Simultanvergleich besteht in einem kontrollierten Vergleich zweier oder mehrerer Ereignisse zu einem bestimmten Zeitpunkt (Gegenwart).

2. Das projektive Experiment: im projektiven Experiment wird der Ablauf eines Geschehens von bestimmten Bedingungen aus, die in der Gegenwart gesetzt werden, in die Zukunft hinein verfolgt.

3. Das Ex-post-facto-Experiment: Im Ex-post-facto-Experiment wird das Sosein eines in der Gegenwart gegebenen Gegenstandes auf die hypothetische Gesamtheit seiner in der Vergangenheit liegenden Ursachen zurückgeführt.

Ebenfalls unter dem Aspekt der ,zeitlichen Betrachtung‘ (W. SIEBEL 1965, S. 21) unterscheidet GREENWOOD (E. GREENWOOD 1965, S. 182) analog zum projektiven- und Ex-post-facto-Experiment das vorausgeplante- und das Ex-post-facto-Experiment.

In der das Experiment betreffenden methodologischen Forschung der Soziologie (F. S. CHAPIN 1938, 1955, 1965; E. GREENWOOD 1945, 1965; W. SIEBEL 1965) wird das Ex-post-facto-Experiment als eine experimentelle Forschungsmethode verteidigt.

HOLZKAMP (K. HOLZKAMP 1968, S. 259) spricht dem Ex-post-facto-Experiment (ausgehend von seiner Definition von Experiment) den

Charakter des experimentellen Vorgehens ab, da es hier nicht möglich sei, herstellende Realisationsakte zu vollziehen, konzidiert aber, daß sich die in der Vergangenheit vorgelegenen Herstellungsbedingungen u.U. rekonstruieren lassen.

Es stellt sich jedoch die Frage, ob das Ex-post-facto-Experiment, so wie es insbesondere von CHAPIN und GREENWOOD in die Wissenschaft eingeführt und verteidigt wurde, nicht gleichermaßen einen Herstellungsanteil aufweisen kann, wenn man diesen als manipulierendes Eingreifen in die Realität faßt.

Besteht die Manipulation beim ‚normalen' Experiment in einer direkten, am Gegenstand selbst oder an den Versuchsbedingungen vorgenommenen Manipulation, so besteht sie beim Ex-post-facto-Experiment im Umgang mit Symbolen, wie etwa im Sortieren von Karteikarten oder biographischen Daten, die durch nachträgliches Ordnen (Manipulieren) nach bestimmten Kriterien zu bestimmten Realitätsklassen zusammengefaßt werden.

Mindestens wird man dem ‚Ex-post-facto-Experiment' den Status des ‚arrangierenden Experimentierens' i. S. HOLZKAMPS zubilligen müssen (Vgl. hierzu 4.3.2.2.).

4.3.2.2. Unterscheidungen, die sich auf die Behandlung des experimentellen Gegenstandes beziehen

Ein Gegenstand kann in zweierlei Weise behandelt werden. Einmal kann der Forscher mit dem real gegebenen Gegenstand umgehen, experimentieren und zum anderen kann er mit Vorstellungen, die diesen Gegenstand betreffen, operieren. Unter Zugrundelegung dieser Möglichkeiten des Umgangs mit Realität unterscheidet MACH (E. MACH 1906, S. 187) das physische Experiment und das Gedankenexperiment[1] (qualitative Unterscheidung).

---

1 Das Gedankenexperiment muß scharf vom Experiment in der Denkpsychologie unterschieden werden. Während das Gedankenexperiment durch eine bestimmte Forschungsmethode (mentale Operation) gekennzeichnet ist, bezieht sich das Experiment in der Denkpsychologie auf einen bestimmten Gegenstandsbereich (Denken, Gedanken).

Das Gedankenexperiment, das nicht als empirische Forschungsmethode bezeichnet werden kann, sondern das in der logischen Verknüpfung von Vorstellungen besteht, können wir nicht im Zusammenhang des Unterscheidens verschiedener Grundformen empirischen Experimentierens beschreiben. Wir kommen später auf das Gedankenexperiment zurück (vgl. 5.2.2.)

Die folgenden Unterscheidungen beziehen sich also auf empirisches oder ‚physisches‘ (MACH) Experimentieren.

Auf einem Kontinuum der am experimentellen Gegenstand durch den Vl vollzogenen Manipulationsakte läßt sich die HOLZKAMPsche Unterscheidung (H. HOLZKAMP 1968, S. 301 f.) von ‚arrangierendem Experimentieren‘ und ‚instrumentellem‘ oder ‚idealwissenschaftlichem Experimentieren‘ lokalisieren (Intensität).

Beim arrangierenden Experimentieren besteht die Manipulationshandlung (HOLZKAMP spricht vom Realisationsakt) in der besonderen Anordnung und Zusammenstellung von Sachverhalten, die sonst in ihrer jeweiligen Eigenart unangetastet bleiben. Nach HOLZKAMP handelt es sich hierbei um die anspruchsloseste und voraussetzungsärmste Form des Experimentierens, deren Ereignisbehauptungen auf qualitative Erscheinungen oder aber auf grobe Quantitäten bezogen sind. Der Einfluß des Vls auf den in Frage stehenden Untersuchungsgegenstand ist hierbei sehr gering.

Beim instrumentellen oder idealwissenschaftlichen Experimentieren werden die vorfindbaren Gegebenheiten bearbeitet, um eine weitestgehende Realisation des vorgeordneten theoretischen Satzes zu erreichen. Bei dieser Form des Experimentierens sind nach HOLZKAMP Aussagen über präzise quantitative Verhältnisse möglich.

Das idealwissenschaftliche Experimentieren läßt sich als Herauslösung einzelner Erscheinungen aus dem Gesamt der sie mitdeterminierenden Bedingungen verstehen. Diese isolierende Betrachtungsweise ist beim Experimentieren an lebenden Organismen, und mit solchen hat es die Psychologie zu tun, nicht immer möglich (isolierte Betrachtung der Intelligenz, d.h. Eliminierung anderer Persönlichkeitsvariablen) oder moralisch nicht vertretbar (Caspar-Hauser-Versuche).

Da es z.T. nicht möglich ist, bestimmte Persönlichkeitsvariablen zu eliminieren, hat die Psychologie experimentaltechnische und statistische Methoden entwickeln müssen, die es gestatten, den Einfluß jeweils nicht interessierender Parameter zu erfassen (vgl. 3.4.2.). In den daraus entstandenen komplexeren Formen des Experimentierens, in denen der Untersuchungsgegenstand durchaus in seiner Eigenart belassen wird und man mithin vom ‚arrangierenden Experiment' sprechen darf, ist es durchaus möglich, präzise quantitative Aussagen zu treffen, wie es durch eine Vielzahl jüngerer Untersuchungen belegbar wäre.

Mit Hinblick auf die Umwelt, in der das Experiment abläuft, unterscheidet BREDENKAMP (J. BREDENKAMP 1969, S. 334) zwischen dem Laboratoriumsexperiment und dem Feldexperiment. Auch im Feldexperiment werden im Gegensatz zur Feldstudie die Versuchsbedingungen durch den Vl variiert (zu dem in diesem Zusammenhang häufig erörterten Problem der Lebensnähe des Experiments vgl. 9.2.) (qualitative Unterscheidung).

Über diese grobe Klassifikation der Behandlung des experimentellen Gegenstandes durch den Vl hinaus lassen sich höchst verschiedene Detailbestimmungen seines Handelns hervorheben, die zur Konstituierung verschiedener Grundformen des Experimentierens herangezogen werden können.

So instruiert der Vl seine Vpn in einer bestimmten Weise, die die Vpn über die Versuchsintention unterrichtet oder im Unklaren läßt. Hier unterscheidet TRAXEL (W. TRAXEL 1964, S. 95) in wissentliches-, halbwissentliches- und unwissentliches Verfahren wie in den Wirklichkeitsversuch, in dem die Vpn in dem Glauben an die Lebensechtheit der Situation belassen werden oder absichtlich zu der Annahme gebracht werden, es würde sich um eine lebensechte Situation, nicht aber um ein Experiment handeln. Sind sowohl der Vl, als der, der den Vpn gegenübertritt, als auch die Vpn nicht über die Versuchsintention unterrichtet, so ist es mindestens im Zusammenhang der Pharmakopsychologie üblich, von Doppelblindversuchen zu sprechen (vgl. W. JANKE 1969 a, S. 107) (Intensität).

Der Vl experimentiert mit seinen Vpn je einzeln (Einzelversuch) oder in Gruppen (Gruppenversuch). Die Vpn können hierbei auf bestimmte Reize reagieren, die vom Vl gesetzt werden (Reiz-Reaktionsversuche). Die Vpn protokollieren oder skalieren ihre Eindrücke schriftlich oder erbringen auf diese Weise bestimmte Leistungen (paper-pencil-Versuche).

Während die Unterscheidung in Einzel- und Gruppenversuch auf die Häufigkeit der an einer Versuchssitzung jeweils beteiligten Vpn bezogen ist, ist die Bestimmung eines Reiz-Reaktionsversuchs wie eines paper-pencil-Versuchs auf die qualitative Beschaffenheit der Versuchsanordnung bezogen.

ROHRACHER (H. ROHRACHER 1963, S. 67) unterscheidet in Erlebnis- und Leistungsexperimente, je nachdem, ob die Vpn bestimmte Selbstbeobachtungen, Erlebnisse oder Eindrücke schildern oder ob ihnen bestimmte Leistungen abverlangt werden. Analog zu dieser qualitativen Unterscheidung sind auch die Termini ‚Eindrucksversuche' (WUNDT) und ‚Ausdrucksversuche' (KÜLPE) tradiert (n. W. TRAXEL 1964, S. 95).

Ein sehr wesentliches Moment des Handelns des Vls, das sich auf die Behandlung des experimentellen Gegenstandes bezieht, ist die Kontrolle der potentiellen Störbedingungen. Mit Bezug auf das Ausmaß (Intensität) der Kontrollmöglichkeiten unterscheidet GREENWOOD (E. GREENWOOD 1949 zit. nach W. SIEBEL 1965, S. 17 f.) fünf Formen des Experimentierens, die wir im folgenden in der Abfolge darstellen wollen, die einem Anwachsen der Kontrollmöglichkeiten entspricht.

1. Das Probierexperiment:

Das Probierexperiment kann nach SIEBEL nicht als Experiment angesprochen werden, da hierbei keine spezifische Versuchshypothese vorliegt und keine Kontrolle der experimentellen Bedingungen gegeben ist. Als Probierexperiment könnte das MACHsche Beispiel der Katze bezeichnet werden, die ihre Pfote in die Milch hält, um deren Temperatur zu prüfen.

2. Die kontrollierte Beobachtung:

Die kontrollierte Beobachtung weist eine Reihe von Gemeinsamkeiten mit dem Experiment auf. So ist bei der kontrollierten Beobachtung eine wechselseitige Kontrolle der Beobachter dadurch möglich, daß mehrere Beobachter den gleichen Gegenstand beobachten (Objektivität). Die einzelnen, den Beobachtungsgegenstand (mit-) determinierenden Faktoren bleiben jedoch weitgehend unkontrolliert.

3. Das unkontrollierte Experiment:

Im unkontrollierten Experiment werden bereits bestimmte definierte Bedingungen an den zu beobachtenden Gegenstand herangetragen. Die Kontrolle der den experimentellen Gegenstand darüber hinaus bestimmenden Bedingungen unterbleibt jedoch weitgehend.

4. Das Ex-post-facto-Experiment:

Beim Ex-post-facto-Experiment liegt die Ursache für eine bestimmte Erscheinung, die in der Gegenwart gegeben ist, in der Vergangenheit. Die Bedingungen, die auf den experimentellen Gegenstand in der zurückliegenden Zeit eingewirkt haben, können nur mehr oder weniger gut rekonstruiert werden. Eine Kontrollmöglichkeit bietet sich jedoch durch die systematisch manipulierende, variierende Ordnung von Symbolen (vgl. 4.3.2.1.).

5. Das reine Experiment:

Diese Form experimentellen Vorgehens ist durch die Möglichkeit einer strengen Kontrolle aller relevanten Faktoren gekennzeichnet.

4.3.3. Unterscheidungen, die sich auf die Prüfung des Entwurfs beziehen

Mit Hinblick auf die Prüfung des Untersuchungsansatzes kann in Experimente unterschieden werden, denen ein Vorversuch vorangeht und solche, denen kein Vorversuch vorangeht. Diese Unterscheidung bezieht sich auf einen qualitativen Unterschied des Experimentierens.

4.3.4. Unterscheidungen, die sich auf die Auswertung der erhobenen Daten beziehen

Eine notwendige Teilkomponente des experimentellen Handelns ist die Auswertung der erhobenen Daten. Die Auswertung kann auf dreierlei Weise vollzogen werden. Diese drei Möglichkeiten des Auswertens der experimentellen Befunde sind qualitativ voneinander unterschieden.

Die Auswertung der Versuchsergebnisse kann sich auf Daten beziehen, die den Untersuchungsgegenstand hinsichtlich bestimmter Qualitäten, Quantitäten und/oder Intensitäten beschreiben.

Will man experimentelle Vorgehensweisen mit Hinblick auf verschiedene Arten der Auswertung der Ergebnisse typisieren, so kann dies mit Bezug auf die Art der Daten, so wie sie oben unterschieden wurden, geschehen; man kommt auf diese Weise zu drei Typen des Experiments:

1. qualitativer Versuch (H. Dingler 1952, S. 5; E. May 1949 b, S. 33; W. Metzger 1952, S. 151; W. Traxel 1964, S. 96),

2. quantitativer, auszählender oder qualitativ auszählender Versuch (W. Metzger 1952, S. 151) und

3. messender Versuch (H. Dingler 1952, S. 5; E. May 1949 b, S. 33; W. Metzger 1952, S. 151).

4.4. Unterscheidungen, die sich auf den in Frage stehenden Untersuchungsgegenstand beziehen

Der psychologische Gegenstand kann in höchst unterschiedlicher Weise in verschiedene Teilbereiche aufdifferenziert werden. In jedem dieser Teilbereiche kann die experimentelle Methode Verwendung finden; es ist mithin legitim, vom Experiment in der Allgemeinen Psychologie, vom Experiment in der Sozialpsychologie, vom Experiment in der Tiefenpsychologie, vom Experiment in der Psychophysik, vom Experiment in der social perception Forschung usf. zu sprechen.

Die Rede vom lernpsychologischen, sozialpsychologischen, wahrnehmungspsychologischen oder entwicklungspsychologischen Experiment hingegen impliziert, daß bestimmte Strukturen des experimentellen Vorgehens mit den so oder so zu unterscheidenden Gegenstandsbereichen sachstrukturell notwendig oder faktisch kovariieren, d.h. durch den jeweiligen Teilbereich der Psychologie, in dem das Experiment durchgeführt wird, werden bestimmte Formalstrukturen des Experimentierens in spezifischer Weise mitdeterminiert.

Es scheint uns jedoch so zu sein, daß die Grundstrukturen des experimentellen Vorgehens, unter Absehung spezifischer Erfordernisse, die durch einen bestimmten Gegenstandsbereich, wie auch durch jede einzelne Fragestellung erforderlich werden, in den verschiedenen psychologischen Teildisziplinen in gleicher Weise aufweisbar sind.

Spezifische Erfordernisse des Experimentierens liegen etwa beim Experimentieren mit Kindern im Rahmen der Entwicklungspsychologie vor; hier werden u.a. die Instruktion und die Gestaltung der Versuchssituation dem Entwicklungsstand der Kinder angepaßt sein müssen.

Da wir das Experiment als eine durch bestimmte Verfahrensweisen gekennzeichnete Methode angesehen und in der Literatur tradierte

Unterscheidungen von Grundformen des Experimentierens mit Hinblick auf Grundstrukturen des experimentellen Handelns geordnet haben, erscheint es uns nicht sinnvoll, Unterscheidungen zu treffen, die an bestimmten Gegenstandsbereichen der Psychologie orientiert sind.

Es sind jedoch Typisierungen sinnvoll zu vollziehen, die sich auf bestimmte Modalitäten des Gegebenseins des psychologischen Gegenstandes beziehen. So könnte man nach der Häufigkeit des Gegebenseins des in Frage stehenden Untersuchungsgegenstandes in Experimente unterscheiden, in denen das fragliche Ereignis, als Anzahl der Vpn, ihrer Reaktionen etc., einmal oder mehrmals vorliegt (Quantität).

Weiterhin lassen sich Unterscheidungen denken, die an der Auftretensintensität des in Frage stehenden Gegenstandes orientiert sind. Der interessierende Effekt kann kaum wahrnehmbar und nur mittels komplizierter experimentaltechnischer und statistischer Methoden zu sichern sein oder er kann das gesamte experimentelle Geschehen dominieren. HOLZKAMP (K. HOLZKAMP 1970 a) spricht solchen Effekten, die nur mittels der genannten komplexen experimentaltechnischen und statistischen Methoden zu sichern sind, einen geringeren Grad äußerer Relevanz zu.

Der psychologische Gegenstand ist über Erleben und Verhalten dem Forscher gegeben, wobei sowohl das Erleben und Verhalten anderer wie auch das eigene Erleben und Verhalten thematisch werden können. Eine eingehende Erörterung der im Zusammenhang der ‚Introspektion' anfallenden Probleme kann an dieser Stelle nicht erfolgen, wenngleich es u.a. dazu notwendig wäre, zu entscheiden, ob ‚Selbstexperimente' (vgl. H. DINGLER 1929, S. 149 f.) möglich sind, worauf sie sich beziehen können und welche spezifischen Anforderungen hierbei an den Forscher zu stellen sind.

DINGLER (vgl. H. DINGLER 1929, S. 149 f.) unterscheidet zwei Arten von Experimenten, einmal solche, die sich auf die Außenwelt und zum andern solche, die sich auf den Forscher selbst beziehen, genauer gesagt, die der Forscher mit sich selbst veranstaltet, indem er sich bestimmten Bedingungen aussetzt und beobachtet, was ‚in ihm' vorgeht. Diese Experimente, die DINGLER ‚Selbstexperimente' nennt, können sich auf alle psychischen Erscheinungen mit Ausnahme des aktiven Willens richten, da dieser, indem er als aktiv definiert ist, nicht zum passiven Gegenstand oder Objekt der Forschung gemacht werden kann (vgl. hierzu auch H. DINGLER 1950, S. 1 f.).

60

Der aktive Wille kann auch deshalb nicht zum Gegenstand der Forschung gemacht werden, weil er innerhalb des Dinglerschen Wissenschaftskonzepts eine exponierte Stellung einnimmt. Er wird von Dingler als die letzte Grundlage des forschenden Handelns angesehen. Als Voraussetzung der Forschung kann er jedoch nicht durch eben diese Forschung in Frage gestellt werden.

5.   Die „Lokalisation" des Experiments

5.1. Verschiedene Ordnungsansätze

Die Lokalisation der experimentellen Handlung kann mit Bezug auf verschiedene Ordnungssysteme erfolgen.

Man kann sich zunächst fragen, in welchen geographischen, kulturellen, gesellschaftlichen oder ethnischen Bereichen experimentelles Handeln möglich oder antreffbar ist.

Über derartige lokalisierende Bestimmungen hinaus, die hier nicht diskutiert werden sollen, läßt sich die Lokalisation des Experiments in einem System anstreben, das die Ortung des Experiments in einem Gefüge des Gesamts der uns zur Verfügung stehenden Methoden ermöglicht.

5.2. Dem Experiment nebengeordnete Methoden

5.2.1. Vorüberlegungen

Wenn wir das Experiment als eine systematische Gegenstandsanalyse bezeichnet haben, so muß es innerhalb der Methodenklasse ‚systematische Gegenstandsanalyse' noch weiter Methodenformen geben, die nicht als Experiment bezeichnet werden können. Indem die Methoden, die dem Experiment nebengeordnet werden können, thematisiert werden, beschäftigt man sich eigentlich nicht mehr mit dem Experiment selbst. Ein Blick auf die im Umfeld des Experiments anzusiedelnden Methoden ist jedoch insofern für das Verständnis der experimentellen Methode von großer Bedeutung, als dadurch die Möglichkeit besser gegeben wird, experimentelle und nichtexperimentelle Vorgehensweisen als solche zu identifizieren. Durch die Angabe von Kriterien, die das Experiment von anderen Spielarten der systematischen Gegenstandsanalyse unterscheiden, konturiert sich das Experiment selbst.

Die in höchst verschiedener Weise aufdifferenzierbaren empirischen Forschungsmethoden, wie Interview, Beobachtung, Fragebogenmethode, Inhaltsanalyse usw. können aus Kompetenz- und Raumgründen nicht sämtlich gegen das Experiment abgegrenzt werden. Hingegen wollen wir die Beziehung zwischen dem Experiment und der Beobachtung näher erörtern. Im Anschluß daran soll eine jüngere Klassifikation empirischer Forschungsmethoden von SIEBEL näher diskutiert werden.

Wenngleich wir die, dem Experiment innerhalb der Methodenklasse ‚systematische Gegenstandsanalyse' nebenzuordnenden Methoden beleuchten wollten, wollen wir uns zunächst einer Forschungsmethode zuwenden, die in bestimmtem Sinne nicht als empirisch bezeichnet werden kann, dennoch aber Experiment heißt, dem Gedankenexperiment.

5.2.2. Das Gedankenexperiment

Wenngleich das Gedankenexperiment nicht als eine empirische Forschungsmethode bezeichnet werden kann, so bedeutet das nicht zugleich, daß der Forscher, der sich des Gedankenexperiments bedient, nicht auf empirisch Antreffbares Rekurs nehmen kann, d.h. er kann mit der Methode des Gedankenexperiments bestimmte Aussagen über die Realität formulieren.

Während beim empirischen Experimentieren der fragliche Gegenstand real gegeben ist und als solcher behandelt werden kann, ist der Gegenstand im Gedankenexperiment mental gegeben und die Behandlung des Gegenstandes erfolgt durch Verknüpfung von Vorstellungen.

MACH (E. MACH 1906, S. 183 f.) trennt Gedankenexperimente und physische Experimente (vgl. 4.3.2.2.).

Den Gedankenexperimenten widmet er ausführliche Erörterungen. Hierbei gebraucht er den Terminus ‚Gedankenexperiment' implizit in zweierlei Weise.

Einmal meint ‚Gedankenexperiment' bei MACH den gedanklichen Vorentwurf eines physischen Experiments (vgl. E. MACH 1906, S. 187); es ist als solches nicht vom physischen Experiment zu trennen. Das, was MACH in dieser Begriffsfassung unter einem Gedankenexperiment versteht, haben wir als einen Teil der experimentellen Handlung selbst angesehen, nämlich die Konzipierung eines Versuchsplans und haben diese Stufe des Experimentierens als ‚Entwurf' bezeichnet.

Das, was sui generis unter einem Gedankenexperiment verstanden werden kann, ist in dem zweiten MACHSchen Begriff von Gedankenexperiment repräsentiert. Hier versteht MACH unter einem Gedankenexperiment die „Variation von Tatsachen in Gedanken" (E. MACH 1906, S. 188).

POPPER unterscheidet (K. R. POPPER 1966, S. 389) den kritischen und den heuristischen Gebrauch von Gedankenexperimenten. Diese Unterscheidung bezieht sich auf die Begriffsfassung von Gedankenexperiment, die mit MACH als die „Variation von Tatsachen in Gedanken" aufgefaßt werden kann.

Führt der heuristische Gebrauch zur Bildung neuer, die Realität betreffender Hypothesen, so werden durch den kritischen Gebrauch des Gedankenexperiments ggf. systemimmanente Schwächen theoretischer Systeme offenkundig.

Ein bekanntes Beispiel einer fruchtbaren Anwendung des Gedankenexperiments in seiner kritischen Funktion stammt von GALILEI:

Gesetzt, ein schwerer Körper hätte die Eigenschaft, schneller zu fallen, als ein leichterer, dann müßte ein Körper, der aus der Verbindung eines schweren mit einem leichten besteht, langsamer als der schwere Körper fallen, da er ja durch den leichteren Körper verzögert werden müßte. Dies steht jedoch in einem immanenten Widerspruch dazu, daß der schwere Körper eigentlich noch langsamer fallen müßte als der Körper, der aus der Verbindung des schweren mit dem leichten Körper besteht, da dieser ja zusammengenommen noch schwerer ist als der schwere. GALILEI schloß aus dieser Widersprüchkeit, daß die Annahme, aus der diese Vorstellungen deduziert wurden, ‚schwere Körper fallen schneller als leichte‘, falsch sein muß, da die Folgerungen, die aus ihr gezogen werden können, Widersprüchlichkeiten aufweisen.

Bei der Richtigkeit der im Beweisgang getroffenen Annahmen über die Realität und bei korrekter logischer Schlußweise kann das Gedankenexperiment zur Voraussage zutreffender empirischer Befunde dienen, von denen aus es dann seinerseits legitimiert werden kann. Das Gedankenexperiment erfüllt das Kriterium der systematischen Variation. Die Variation bezieht sich jedoch nicht auf einen empirisch antreffbaren Gegenstand, sondern auf Vorstellungen, die jedoch ihrerseits auf empirisch Antreffbares bezogen werden können. Dem Befund im empirischen Experiment entspricht der deduktive Schluß im Gedankenexperiment, mit dessen Hilfe ein Urteil über die vorab getroffenen Annahmen vollzogen werden kann.

5.2.3. Die Beobachtung

Die Nebenordnung von Experiment und Beobachtung ist eine in der Psychologie, mindestens seit WUNDT, tradierte Unterscheidung empirischer Methoden. Beiden Methoden, der Beobachtung und dem Experiment, liegt — wie allen empirischen Methoden — der Akt des Beobachtens notwendig zugrunde (vgl. 5.2.3.).

Das Experiment ist im wesentlichen von der Beobachtung dadurch unterschieden, daß der Beobachter im Experiment

„...sich nicht darauf beschränkt, die Erscheinungen, welche sich ihm in der sinnlichen Wahrnehmung darbieten, genau zu verfolgen und soviel als möglich zu zergliedern, sondern daß er gleichzeitig durch seinen Willen die Bedingungen derselben verändert" (W. WUNDT 1906, S. 200).

Neben der willentlichen Einflußnahme des Forschers auf den Untersuchungsgegenstand und die ihn umgebenden Bedingungen, als Isolation und/oder Variation formuliert WUNDT 1907 in Auseinandersetzung mit BÜHLER drei weitere Merkmale des ‚vollkommenen Experiments‘, die in geeigneter Weise zur Diskriminierung von Experiment und Beobachtung herangezogen werden können (vgl. 2.1.).

WUNDT sieht das Experiment und die Beobachtung als die beiden Hauptmethoden der empirisch-forschenden Psychologie an. Er diskutiert 1896 das Experiment und die Beobachtung. Hierbei verwendet er den Begriff implizit in zweierlei Weise; einmal meint Beobachtung bei WUNDT eine Teilkomponente des experimentellen Handelns und zum anderen eine eigenständige Forschungsmethode (W. WUNDT 1898, S. 23 f.), wie wir es an anderer Stelle bereits unterschieden haben.

Beide Methoden, das Experiment und die Beobachtung, bieten Vor- und Nachteile. Während im Experiment nach WUNDT der Akt des Beobachtens genauer als bei der Beobachtung durchgeführt werden kann, da der Zeitpunkt des Eintretens eines Ereignisses bestimmbar ist, ist es der Beobachtung, als einer eigenständigen Forschungsmethode, als Vorzug anzurechnen, daß sie nicht verändernd in die psychischen Vorgänge eingreift, sondern diese in ihrer jeweiligen Eigenart beläßt (W. WUNDT 1898, S. 25).

POINCARÉ (H. POINCARÉ 1914, S. 1) weist auf den zeitökonomischen Vorteil des Experimentierens gegenüber der Beobachtung hin, der darin besteht, daß im Experiment der Forscher nicht gezwungen ist, solange zu warten, bis der fragliche Gegenstand einmal unter den, den Forscher interessierenden Bedingungen auftritt.

Beobachtung und Experiment unterscheiden sich weiterhin nach
WUNDT durch die Art des Gegenstandes, auf den sie sinnvoll zu richten
sind. Während das Experiment zur Untersuchung einfacherer psychischer Vorgänge herangezogen werden kann und soll, ist die Beobachtung in den Dienst der Erkenntnis höherer psychischer Erscheinungs-
formen zu stellen (W. WUNDT 1898, S. 28).

Die WUNDT.sche Ansicht, daß das Experiment nur auf einfach
strukturierte psychische Erscheinungen angewandt werden kann und
die im Zusammenhang der Axiomatik der klassischen Psychologie gesehen werden muß, ist durch die seither vollzogene Entwicklung des
Experimentierens in der Psychologie hinreichend widerlegt worden.

TRAXEL (W. TRAXEL 1964, S. 14) definiert die Beobachtung als
„...die Wahrnehmung eines Vorganges mit dem Ziel der Feststellung
seiner wesentlichen Merkmale" (W. TRAXEL 1964, S. 14). Da man jedoch auch akzidentelle Merkmale eines Gesamtvorgangs thematisieren
kann, die der Beobachtung auch zugänglich sind, ist die TRAXELsche
Verkürzung des Beobachtungsbegriffs auf die Beobachtung wesentli-
cher Merkmale nicht akzeptabel.

Die Abhebung des Experiments von der Beobachtung ist ausgehend von WUNDT bis in unsere Zeit tradiert.

So unterscheidet nach METZGER (W. METZGER 1952, S. 143) ein
absichtliches und planmäßiges Eingreifen in die zu beobachtenden
Sachverhalte das Experiment von der Beobachtung.

Die Beobachtung kann ihrerseits weiter in verschiedene Teilme-
thoden aufgegliedert werden. METZGER (W. METZGER 1952, S. 142 f.)
unterscheidet die Zufallsbeobachtung, wie wir sie auch aus der alltäglichen Erfahrungsgewinnung kennen, von der planmäßigen Beobachtung,
die in besonders ausgeprägter Weise in der Astronomie Verwendung
findet. Neben diesen beiden Formen der Beobachtung subsumiert
METZGER noch die ‚Bestandsaufnahme' den Beobachtungsmethoden.
Die Bestandsaufnahme ist dadurch gekennzeichnet, daß der Forscher
hier nach dem Gesamt der an einem Gegenstand oder Gegenstandsbereich abhebbaren Eigenschaften oder Verhaltensweisen fragt. Wir wollen die so gefaßte ‚Bestandsaufnahme' nicht als eine eigenständige
Methodenform der Beobachtung subsumieren und der zufälligen bzw.
planmäßigen Beobachtung nebenordnen. Die Bestandsaufnahme ist
nicht durch die Art des In-Erfahrung-Bringens gekennzeichnet, sondern durch eine allgemeine Intention des Vls, die gegenüber der Art

des methodischen Vorgehens indifferent ist und sich auf Übersicht und Zusammenstellend von Daten richtet.

5.2.4. Darstellung einer Klassifikation empirischer Methoden nach Siebel

Einen neueren Ansatz zur Abgrenzung des Experiments von anderen empirischen Methoden, die dem Experiment ihrer methodologischen Struktur nach verwandt sind und auch häufig als Experiment bezeichnet werden, finden wir in der wissenschaftstheoretischen Literatur der Soziologie bei Siebel (W. Siebel 1965). Er sieht *das Experiment* als eine Methode an, die eine Kausalhypothese prüft. Damit wird aber das Experiment nicht als eine bestimmte Weise des forschenden Vorgehens bestimmt, sondern mit Bezug auf eine bestimmte Aufgabenstellung, Zielsetzung oder Dienstfunktion definiert. Unter Zugrundelegung einer solchen Begriffsbestimmung müssen sich zwangsläufig andere Abgrenzungen gegenüber anderen Methoden ergeben, als bei einer Bestimmung des Experiments, die auf eine bestimmte Vorgehensweise bezogen ist. Aus dem kausalhypothesenprüfenden Charakter des Experiments lassen sich erst sekundär spezifische Vorgehensweisen herleiten. Die dem Experiment nebenzuordnenden Methoden unterscheiden sich vom Experiment durch eine andere Zielsetzung. Aus der Zielsetzung des Experimentierens, Kausalhypothesen zu prüfen, ergibt sich für Siebel (W. Siebel 1965, S. 11f.) das experimentelle Vorgehen folgendermaßen:

Ein bestimmter Gegenstand wird bestimmten Bedingungen ausgesetzt. Die ggf. stattfinden Veränderungen an diesem Gegenstand werden, als durch diese Bedingungen kausal determiniert, interpretiert. Es interessiert die Reaktion eines Gegenstandes auf bestimmte Bedingungen. Der Faktor, der als Ursache interpretiert werden soll, und den Siebel den zu prüfenden Faktor nennt, muß vor Beginn des Experiments unbedingt von der Experimentalsituation getrennt gehalten werden.

„Befindet sich der zu prüfende Faktor bereits in der Situation, so ist nicht mehr festzustellen, welche Wirkungen auf ihn entfallen. ... Ein Ursache-Wirkungsverhältnis ist in einer gegebenen Situation ... wegen der Interrelation aller Faktoren nicht mehr zu erfassen. Eine Kausalstudie und damit ein

Experiment, setzt die Isolierung des zu prüfenden Faktors von der Experimentiersituation voraus" (W. SIEBEL 1965, S. 97).

„Will man hingegen die ‚Kausalzusammenhänge' eines gegebenen Systems erforschen, so muß ein solches System unterbrochen werden, indem man einige Teile herausholt, isoliert und dann experimentell aufeinander wirken läßt" (W. SIEBEL 1965, S. 98). Die Kenntnis der Teilzusammenhänge erlaubt es jedoch im Prinzip nicht, das Gesamtsystem zu rekonstruieren.

Es ist nun aber ein wissenschaftlich legitimes und forschungsgenetisch vorgeordnetes Anliegen der Wissenschaft, einen Gegenstand nicht nur hinsichtlich seiner kausalen Bedingungsstruktur zu analysieren, sondern ihn auch in seinem Sosein, seiner Struktur zu erfoschen. Forschungsmethoden, die sich auf die Analyse eines Gegenstandes selbst beziehen, d.h. seine Strukturen aufweisen sollen, bezeichnet SIEBEL als ‚Analyse'.

„Analyse bedeutet den Erkenntnisakt oder die wissenschaftliche Vorgehensweise, die einen bestimmten konkret gegebenen Sachverhalt im Hinblick auf seine Bestandteile zerlegt" (W. SIEBEL 1965, S. 39). Die Beschreibung und Zergliederung der phänomenal an einem Gegenstand abhebbaren Teilmomente ist somit i.S. SIEBELS als Analyse zu bezeichnen. Nach SIEBEL kann sich dieAnalyse jedoch nicht nur auf phänomenal gegebene Eigenschaften des Gegenstandes beziehen, sondern sie kann sich auch auf verdeckte Eigenschaften richten. Die verdeckten Eigenschaften eines Gegenstandes, die in anderer Terminologie auch als Konstrukte bezeichnet werden können, werden dadurch ‚identifiziert', daß man den Gegenstand „unter spezifische Bedingungen, unter denen die Eigenschaft, wenn sie vorhanden ist, auftreten muß", bringt.

SIEBEL verbeispielt die Analyse ‚verdeckter' Eigenschaften an der Chemie, die etwa den Säurecharakter einer Substanz (als verdeckte Eigenschaft) mittels bestimmter Indikatoren identifizieren kann.

Der Struktur des Erkenntnisganges nach gleichgelagert ist die psychologische Diagnostik, sofern es ihr darum geht, ‚verdeckte Eigenschaften', wie Intelligenz, Neurotizismus etc. mittels bestimmter Indikatoren (Tests) zu identifizieren. Aber nicht nur im Bereich der psychologischen Diagnostik, sondern auch in weiten Teilen der nomothetischen Psychologie findet die Analyse Verwendung.

Für alle Fragestellungen, die sich auf das Sosein von Menschen oder Gruppen von Menschen beziehen, sind nach der SIEBELschen Definitorik experimentelle Methoden nicht anwendbar, sondern finden Verfahren Verwendung, die SIEBEL als ‚Analyse' bzeichnet. Der Tatsache, daß diese Verfahren dem experimentellen Vorgehen häufig sehr ähnlich sind, trägt SIEBEL dadurch Rechnung, daß er in solchen Fällen, die insbesondere im Zusammenhang der Analyse ‚verdeckter Eigenschaften' Anwendung finden, von einer experimentellen Analyse spricht.

Neben dem Experiment und der Analyse kennt SIEBEL noch eine dritte Gruppe empirischer Forschungsmethoden, den ‚*Vergleich*'. Beim Vergleich werden „...die strukturellen *Unterschiede und Gemeinsamkeiten zweier oder mehrer Gegenstände* hervorgehoben und Bezüge anderer Art zwischen ihnen festgestellt. Ziel ist hierbei die Veranschaulichung von Strukturen und die Bildung von Strukturbegriffen" (W. SIEBEL 1965, S. 48, keine Hervorhebung im Original).

Eine scharfe Grenzziehung zwischen ‚Analyse' und ‚Vergleich' ist relativ schwierig, da auch in der ‚Analyse' eine Gegenüberstellung verschiedener Gegenstände Bestandteil des methodischen Vorgehens ist. Der Forschungsintention nach ist aber die Analyse auf einen Gegenstand oder eine Eigenschaft eines Gegenstandes gerichtet, während im Vergleich das Interesse auf die strukturelle Beziehung zwischen Gegenständen oder Eigenschaften von Gegenständen bezogen ist. Dem Vergleich ist die Analyse der in Beziehung zu setzenden Eigenschaften vorgeordnet (vgl. W. SIEBEL 1965, S. 48).

6. Ziel und Herkunft des Experiments

Die Betrachtung des Experiments unter Ziel- und Herkunftsgesichtspunkten kann nicht im physikalischen Sinne einer raum-zeitlichen Bewegung erfolgen.

Die Fragen ‚wohin' bzw. ‚woher' können jedoch auch in einem übertragenden Sinne auf das Experiment bezogen werden.

Die hier angesprochenen Fragekategorien thematisieren die Lokalisation des Experiments in unterschiedlichen Ordnungsbereichen, die wir im vorangegangenen bereits genannt haben in Zuordnung zu einer zeitlichen Entwicklung, die gleichermaßen auf verschiedenen Ordnungsdimensionen gesehen werden kann (vgl. 7.).

Der angesprochene Problemkreis erfordert eine verbindende Betrachtung lokalisierender und genetischer Bestimmungen des experimentellen Handelns, die jeweils in recht vielfältiger Weise aufgefächert werden könnten.

7. Genese des Experiments

Die zeitliche Betrachtung der Entstehung des experimentellen Handelns kann sich auf verschiedene zeitliche Ordnungssysteme beziehen.

Das Experiment kann zunächst in seiner Historiogenese mit Bezug auf die Wissenschaft schlechthin oder bestimmte ihrer Teilgebiete (vgl. für die Psychologie E. G. BORING 1950; J. C. FLUGEL 1964) betrachtet werden.

Eine weitere, methodologisch sehr wichtige Betrachtungsweise stellt die Aktualgenese der experimentellen Handlung dar. Hierbei wird der Prozeß der empirisch-experimentellen Erkenntnisgewinnung thematisiert, den wir bereits im Zusammenhang der Auffächerung der Merkmale der experimentellen Handlung unter methodologischen Gesichtspunkten dargestellt haben, indem wir diese Merkmale dem Erkenntnisgang des Experimentierens zugeordnet haben. Über diese immanente Genese der experimentellen Handlung hinaus können sinnvolle Modelle des weiteren Forschungsprozesses erstellt werden, in denen dem Experiment ein Platz in dem genetischen Ablauf der Forschung zugewiesen werden kann. Als darauf zielende Ansätze können die ‚Induktiv-Hypothetiko-Deduktive-Spirale' nach CATTELL (R. B. CATTELL 1966, S. 16) und das Modell des Ablaufs der empirischen Forschung nach HARRÉ (R. HARRÉ 1965, S. 139) angesehen werden.

8. Das experimentelle Handeln in kausalanalytischer Sicht

Die auf das Experiment bezogene kausalanalytische Frage ‚warum‘ läßt sich in unserem Verständnis von Experiment — als einer bestimmten Sonderform menschlichen Handelns — als ‚Warum experimentiert der Forscher?‘ ausformulieren.

Die Kausalanalyse des experimentellen Handelns zielt mithin auf bestimmte Strukturen der Forscherpersönlichkeit, die u.a. als Motive seines Handelns näher inhaltlich bestimmt werden können. So meint POPPER (K. R. POPPER 1962, S. 235): „Die Spannung zwischen Wissen und Nichtwissen führt zum Problem und zu den Lösungsversuchen."

Neben diesen, im Motivationsgefüge der Forscherpersönlichkeit angesiedelten und als kausal determinierend gedachten Bedingungen, lassen sich an der Struktur des Gegenstandes Momente abheben, die aufgrund ihrer Widersprüchlichkeit oder Unvollkommenheit eine gewisse Eigendynamik entwickeln und damit als Bedingungen angesehen werden können, die zu experimentellen Untersuchungen Anlaß geben (vgl. hierzu M. WERTHEIMER 1964).

Es ist nicht zu bestreiten, daß bestimmte Persönlichkeitsstrukturen des Forschers, wie sein Interesse an bestimmten Gegenständen, sein Erlebnishorizont etc. die Selektion des Untersuchungsgegenstandes, den er (experimentell) forschend thematisiert, mitbedingen. Diese Persönlichkeitsstrukturen können nun nicht nur phänomenal beschrieben, sondern auch ihrerseits kausal-analytisch analysiert werden. Diese Analyse kann mit Hinblick auf verschiedene Bedingungssyteme erfolgen. In jüngerer Zeit sind insbesondere die gesellschaftlichen und sozialen Bedingungsstrukturen des Forschers in den Blickpunkt des Interesses getreten.

Eine solchermaßen thematisierte Soziologie des Wissenschaftlers oder Forschers ließe sich ohne Schwierigkeiten und Überschneidungen als ein empirischer Teilbereich der Wissenschaft im Gesamtgebäude der Wissenschaft etablieren und könnte fruchtbar auf die Forschungsaktivität anderer wissenschaftlicher Disziplinen wirken.

Dieser Ansatz weist gewisse Ähnlichkeiten mit den Problemen auf, die in jüngster Zeit insbesondere durch die Vertreter der ‚kritischen Theorie‘ (vgl. u.a. M. HORKHEIMER 1970) thematisiert wurden. Dennoch kann dieser Ansatz den Ansprüchen nicht gerecht werden, die seitens der ‚kritischen Theorie‘ gestellt werden. Indem wir die Reflexion der gesellschaftlichen Bedingungen, unter denen sich wissenschaftliches Handeln vollzieht, als empirisch-wissenschaftliche Einzeldisziplin konstituieren wollen, absorbieren wir den Ansatz der ‚kritischen Theorie' in dem sprachlichen und methodischen System der ‚traditionellen Wissenschaft'. Wir wollen den Forschungsgegenstand der Wissenschaftssoziologie oder wie man ihn immer nennen mag, als einen Teilgegenstand des Gesamts der Wissenschaft ansehen, ohne dabei wechselseitige Anregungen der einzelnen Teilbereiche ausschließen zu wollen. Der sehr viel weitergehende Ansatz der ‚kritischen Theorie', der sich auf die Grundstruktur der Wissenschaft im allgemeinen bezieht und der Intention nach die Wissenschaft in jeder ihrer Teildisziplinen durchdringt, ist in unser Konzept nicht zu integrieren, da wir davon ausgehen, daß die von der ‚kritischen Theorie' thematisierten Probleme aus dem Gesamt dessen, was die Wissenschaft zum Gegenstand hat, ausgeblendet und gesondert behandelt werden können und mit Hinblick auf die Spezifikationserfordernisse empirischen Forschens auch gesondert behandelt werden müssen. Da eine Forschung, der es u.a. um die empirische Verbindlichkeit ihrer Sätze zu tun ist, methodisch notwendig jeweils bestimmte, nicht in Frage stehende Teilbereiche eines komplexen Untersuchungsgegenstandes ausblenden muß, um überhaupt wenigstens über bestimmte Gegenstandsfacetten Aussagen treffen zu können, denen ein größtmögliches Maß an empirischer Gültigkeit zugesprochen werden kann, erscheint es uns notwendig, im Gang der empirischen Forschung solche Ausblendungen vorzunehmen. Es ist uns keineswegs einsichtig, weshalb gerade der Einfluß der Gesellschaft auf den Gang der Forschung nicht ausgeblendet werden kann oder soll. Wir sehen den Einfluß der Gesellschaft auf die Forschung als ein empirisch klärbares Teilproblem an und halten es für notwendig, auch über dieses Problem Klärung herbeizuführen.

Die Handlungsweise des Forschers, die auf dem Boden einer bestimmten Persönlichkeitsstruktur wächst und die durch die Umwelt determiniert wird, ist jedoch immer, mindestens mit Bezug auf das Eigenerleben des Forschers, auf ein Handlungsziel bezogen.

Komplexe menschliche Handlungsweisen, wie sie im experimentellen Handeln vorliegen, können durch kausale Interpretationsansätze allein nicht hinreichend erklärt werden. Sie werden erst durch das Moment der Zielbezogenheit des menschlichen Handelns verstehbar (vgl. K. HOLZKAMP 1970 c, S. 30 wie auch die kritische Analyse des ‚teleologischen Denkens' von N. HARTMANN 1951).

Während sich unter kausalanalytischem Gesichtspunkt die Bedingungen nur sehr schwer zusammentragen lassen, unter denen experimen-

telles Handeln möglich oder notwendig wird, ergibt sich die Handlungsweise des Experimentators sehr viel einleuchtender, wenn man diese
als Mittel einer bestimmten Zielverwirklichung des Experimentators versteht.

9. Das Experiment in finalanalytischer Sicht

9.1. Vorüberlegungen

Experimentelles Handeln wird immer mit Bezug auf ein Handlungsziel vollzogen. Das Handlungsziel wird, wenn man von sinnvollem Experimentieren sprechen kann, bei der Planung des Experiments bereits klar herausgearbeitet werden müssen, ja es wird in der Regel der Entscheidung, ein Experiment durchzuführen, vorgeordnet sein, da der Einsatz bestimmter Methoden an den Erfordernissen des Problems orientiert sein sollte und nicht, wie man es hin und wieder finden kann, daß die Kenntnis eines bestimmten methodischen Vorgehens die Entwicklung der Fragestellung mindestens mitdeterminiert. Das Handlungsziel, das den Anlaß zu einer experimentellen Untersuchung darstellt, zieht sich durch alle Stationen des experimentellen Handelns; es kann als die Leitlinie angesehen werden, an der sich der Experimentator orientiert.

Mit der Analyse des Handlungsziels des Experimentierens wird die Frage, wozu das Experiment dient und was es zu leisten vermag, thematisch.

Wir gehen zunächst davon aus, daß das Experiment als eine empirische Methode im Dienste der Erkundung und/oder der Beurteilung theoretischer Sätze besteht, wobei die Beurteilung in verschiedener Weise erfolgen kann.

Inwieweit das Experiment diese Dienstfunktionen erfüllen kann und welche spezifischen Probleme damit verbunden sind, wird im folgenden zu zeigen sein.

Das Experiment ist hinsichtlich seiner Dienstfunktion auf theoretische Sätze bezogen, wobei wir verschiedene Formen theoretischer Sätze unterscheiden können.

9.2. Verschiedene Formen theoretischer Aussagen

Theoretische Sätze oder Konzepte, auf die sich das Experiment bezieht, können mit unterschiedlich weitem Geltungsanspruch formuliert sein. Die Weite der Realität, die durch eine theoretische Aussage oder eine Theorie abgedeckt wird, nennt Holzkamp (K. Holzkamp 1964, S. 19 f.) den Integrationswert einer Theorie.

Zunächst ist dem Experimentator die experimentelle Realität mit ihren Versuchsbedingungen gegeben. In dieser Realität reagiert die Vp auf bestimmte Bedingungen in bestimmter Weise; sie urteilt etwa auf einer Skala. Diese Realität kann und muß zunächst deskriptiv beschrieben werden. Die hier zur Verwendung kommenden Begriffe sind streng am Vorfindbaren orientiert; der Vl enthält sich hier einer Interpretation des Geschehens und verzichtet auf Verallgemeinerungen des Vorfindbaren.

Die Beschreibung der experimentellen Situation und der in dieser Situation gezeitigten Ergebnisse dient dazu, allgemeinere theoretische Aussagen herzuleiten, bzw. die Versuchshypothesen zu entscheiden. Die Versuchshypothesen, als einfachste Form theoretischer Sätze, sind insofern allgemein, als sie nicht, wie die experimentellen Sätze, auf die konkret vorliegenden experimentellen Bedingungen bezogen sind, sondern diese transzendieren, d.h. Verallgemeinerungen über die Vpn, die Reaktionen der Vpn oder die situativen Bedingungen der experimentellen Realität darstellen.

Die Versuchshypothesen sind jedoch nicht von anderen theoretischen Vorstellungen isoliert; sie sind vielmehr in eine mehr oder minder weit gefaßte Theorie eingebettet. Die Theorie stellt eine Verknüpfung verschiedener Hypothesen oder, bei entsprechender Gesichertheit, Gesetze in einem System dar.

Die Theorie wird mit Hinblick auf einen Idealtypus von Theorie etabliert, der dadurch gekennzeichnet ist, daß die Theorie, die diesem Typus entspricht, einmal in sich widerspruchsfrei ist, daß sie einen bestimmten Gegenstandsbereich restfrei abbildet und daß sich zwischen Voraussagen, die aus der Theorie abgeleitet werden können, und empirischen Bewährungskontrollen dieser theoretischen Sätze keine Abweichungen ergeben.

So sieht es Dingler (H. Dingler 1967, S. 33 f.) als das Ziel jeder wissenschaftlichen Forschung an, den ‚Übergang von der experimentellen zur exakten Wissenschaft' zu vollziehen, um auf dieser Stufe des Theoretisierens nicht mehr auf induktives Forschen angewiesen zu sein, sondern um, aus einer durch ein empirisch haltbares Axiomensystem gestützten Theorie, Beobachtungssätze sicher deduzieren zu können.

Selbst diese abgeschlossene Theorie bedürfte jedoch unserer Auffassung nach der empirischen Bestätigung, da sie ja sonst nicht als eine empirisch gültige Theorie ausgewiesen werden könnte.

Bei realistischer Einschätzung der gegebenen Forschungssituation kann diese Form der Theorie jedoch nur als Leitidee der Theorienbildung fungieren. Der Prozeß der Theorienbildung kann als Approximation an diese abgeschlossene Theorienform verstanden werden, der darin besteht, daß aufgrund empirischer Befunde neue Faktoren in die Theorie aufgenommen werden und/oder daß die Verknüpfung der Faktoren im System der Theorie in neuartiger Weise erfolgt.

Die hier aufgefächerten Stufen theoretischer Sätze, die sich hinsichtlich ihres Allgemeinheitsgrades unterscheiden, stehen untereinander in einem bestimmten Repräsentanzverhältnis.

Die experimentelle Realität selbst wird durch die unmittelbar auf sie bezogenen Aussagen repräsentiert.

Die Vollständigkeit und Genauigkeit der Beschreibung der Bedingungen, die im Experiment gegeben waren, kann als Maß der Repräsentanz des experimentellen Handelns für die darauf bezogenen Aussagen gelten.

Diese Aussagen stehen ihrerseits in einem Repräsentanzverhältnis zu den vorgeordneten Versuchshypothesen. Diese Beziehung behandelt HOLZKAMP (K. HOLZKAMP 1964) als das Verhältnis zwischen experimentellem und theoretischem Satz ausführlich.

Die Versuchshypothese ist ihrerseits in ein Theoriengebäude gestellt und repräsentiert dieses Theoriengebäude mehr oder minder, je nachdem, ob sie an zentraler oder peripherer Stelle dieser Theorie zu orten ist.

Die Theorie erfüllt selbst in bestimmter Weise die Merkmale der idealtypischen oder abgeschlossenen Theorie. Es ist jedoch nicht möglich, von einer Repräsentanz der vorliegenden für die abgeschlossene Theorie zu sprechen; allenfalls lassen sich verschiedene vorliegende und konkurrierende Theorien in eine Rangreihe bringen, die mit Bezug auf die Merkmale der idealtypischen Theorie aufgestellt wird. Ein Repräsentanzverhältnis würde in diesem Zusammenhang erfordern, daß die abschließende Theorie bereits in ausformulierter Form vorliegen würde, denn erst dann könnte ein Repräsentanzverhältnis gestiftet werden, das ja methodisch nur auf dem Wege des Vergleichs zwischen einem Satzsystem, das in bestimmter Weise für ein anderes Satzsystem stehen kann, gewonnen werden kann. Da die abschließende Theorie jedoch nicht gegeben ist, erscheint es wenig sinnvoll, mit Hinblick auf diese von Repräsentanz zu sprechen. Läge die abgeschlossene Theorie jedoch vor, so könnte diesem Vergleich allenfalls historische Bedeutung beigemessen werden, da die Theorie, die mit der abgeschlossenen Theorie verglichen werden soll, mit der Existenz der abgeschlossenen Theorie bereits aus dem wissenschaftlichen Betrieb gezogen wäre.

Die abgeschlossene Theorie läßt sich nicht bruchlos der Hierarchie theoretischer Sätze anschließen, weil sie nicht allein durch die Weite ihres Geltungsbereichs bestimmt wird, sondern auch bestimmte Gütekriterien erfüllen muß, um als abgeschlossene Theorie angesprochen werden zu können. Ein theoretischer Satz, eine Hypothese, oder eine Theorie können auch dann so bezeichnet werden, wenn sie etwa in sich nicht widerspruchsfrei sind oder nur eine geringe empirische Gültigkeit beanspruchen können. Sie sind dann eben unter diesen Kriterien als schlechte theoretische Sätze oder Theorien anzusprechen. Die abgeschlossene Theorie muß jedoch per Definition diese Kriterien optimal erfüllen.

Wir können die abschließende Theorie nur als Leitline des Theoretisierens ansehen und wollen sie aus unseren weiteren Erörterungen, die sich auf verschiedene Formen theoretischer Sätze beziehen, ausklammern.

Diese Stufengliederung wissenschaftlicher Sätze erinnert an eine schematisierte Darstellung des Prozesses der Theorienbildung von BOCHENSKI (I. M. BOCHENSKI 1954, S. 109):

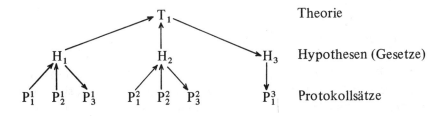

Die aufwärtsstrebenden Pfeile kennzeichnen die induktive, die abwärtsstrebenden Pfeile die deduktive Denkrichtung.

Protokollaussagen stellen unmittelbare Beschreibungen des Versuchsgeschehens dar (Vp A urteilt über den Gegenstand B auf der Skala C in der Situation D mit dem Urteil E). Ausgehend von diesen Protokollaussagen steigt der Forscher zu Gesetzen auf, die zunächst als Hypothesen formuliert sind. Aus den Gesetzen können deduktiv bestimmte Beobachtungen vorausgesagt werden. In den Gesetzen sind keine sprachlichen Ausdrücke enthalten, die nicht auf empirisch Antreffbares reduzierbar wären. Erst in der Theorie sind Begriffe enthalten, die nicht in Protokollaussagen vorkommen. Aus der Theorie können Hypothesen und aus diesen wiederum Protokollaussagen hergeleitet werden (vgl. I. M. BOCHENSKI 1954, S. 106).

Ähnlich unterscheidet MEILI (R. MEILI 1968) im Zusammenhang psychologischen Experimentierens drei Ebenen der Betrachtungsweisen. Der phänomenale Aspekt (1) stellt den Ausgangspunkt zu dem Ziel dar, funktionale Zusammenhänge (2) festzustellen. Diese stehen ihrerseits im Dienste der Erhellung der Struktur eines Geschehens (3) (R. MEILI 1968, S. 16). MEILI sieht es als das Hauptanliegen experimenteller Forschung an, Gesetze aufzustellen, funktionale Zusammenhänge zu klären.

Theoretische Aussagen können in zweierlei Weise formuliert sein. HOLZKAMP (K. HOLZKAMP 1964, S. 105 f.) unterscheidet – unter Zugrundelegung der LEWINschen Unterscheidung zwischen Regelmäßigkeiten und Gesetzen (K. LEWIN 1927) – bei theoretischen Aussagen in der Psychologie, im Zusammenhang der ‚Subjekt-Repräsentanz‘, zwischen Aussagen mit ‚begrenzten Klassenbestimmungen über Menschen‘ und Aussagen mit ‚unbegrenzten Klassenbestimmungen über Menschen‘.

Diese beiden Formen theoretischer Aussagen kann LEWIN (K. LEWIN 1930/31) auf zwei unterschiedliche wissenschaftliche Denkweisen zurückführen.

Theoretische Aussagen vom Typus der Regelmäßigkeit lassen sich auf den Aristotelischen Wissenschaftsbegriff beziehen. Bei ARISTOTELES ist das Gesetz abstraktiv definiert, d.h. es stellt den Inbegriff dessen dar, was sich an einer Gruppe von Gegenständen an Gemeinsamen aufweisen läßt (K. LEWIN 1930/31, S. 425). Das Gesetz i.S. ARISTOTELES' oder die Regelmäßigkeit i.S. LEWINS (K. LEWIN 1927) bezieht sich auf raumzeitlich real Antreffbares. Die Psychologie ist heute (noch) weitgehend in der Aristotelischen Denktradition verfangen, indem sie fragt, wie häufig diese oder jene Erlebens- oder Verhaltensweise bei diesen oder jenen Vpn im Durchschnitt anzutreffen ist. Bei Aussagen vom Typus der Regelmäßigkeit werden empirisch widersprüchliche Befunde nicht als Gegenargument gegen die Regel genommen, sondern, da es ja gerade darum geht, die Realität so zu beschreiben, wie sie sich darstellt, also mit allen ihren Widersprüchen, zugelassen, erwartet und bereits in statistischen Modellen (Varianz, Varianzanalyse, Korrelation, Faktorenanalyse, Mittelwertbestimmung, Standardabweichung etc.) notwendig vorausgesetzt.

Die Galileische Auffassung hingegen, die zum strengen Gesetzesbegriff führt, postuliert für jedes Gesetz die ausnahmslose Gültigkeit. Für die Psychologie hieße das nach Lewin (K. Lewin 1930/31, S. 446), daß psychologische Gesetze in Galileischer Auffassung Ausnahmen nicht zulassen, „ganz gleich, ob z.B. ein pathologischer Fall vorliegt oder nicht, ja die Bestimmungen von Pathologie und Normal verschwinden zugunsten eines homogenen Gegenstandsbereichs der Psychologie".

„Auch *methodisch* ist die These von der ausnahmslosen Gültigkeit der der psychologischen Gesetze von weittragender Bedeutung. Sie führt zu einem außerordentlichen *Steigen* des *Anspruchsniveaus* an den Beweis. Es ist nicht mehr möglich, ‚Ausnahmen' leicht zu nehmen. Sie ‚bestätigen' keineswegs mehr die ‚Regel', sondern sind als vollgültige Gegenbeweise anzusehen und zwar auch dann, wenn sie selten vorkommen, ja wenn nur eine einzige Ausnahme nachweisbar ist" (K. Lewin 1930/31, S. 448).

Holzkamp zieht für die ‚Subjekt-Repräsentanz'im psychologischen Experiment daraus die Konsequenzen. Es wäre zu diskutieren, ob nicht die ‚Handlungs- und Erlebensrepräsentanz' wie auch die ‚Umgebungsrepräsentanz' in die gleichen Überlegungen mit einbezogen werden müßten.

Holzkamp unterscheidet, wie bereits einführend angesprochen, in Aussagen mit ‚begrenzten Klassenbestimmungen über Menschen' und Aussagen mit ‚unbegrenzten Klassenbestimmungen über Menschen'. Die ersteren sind auf eine raum-zeitlich festgelegte Klasse von Menschen bezogen, die als solche beschrieben werden soll. Hier ist es sinnvoll, mit Stichproben zu arbeiten, die die Grundgesamtheit repräsentieren.

Theoretische Aussagen, die sich auf eine unbegrenzte Klassenbestimmung über Menschen beziehen, haben nach Holzkamp (K. Holzkamp 1964, S. 111) folgende formale Form:

„Falls sich irgendwo und irgendwann bestimmte Bedingungen herstellen und ‚störende Umstände' ausschalten lassen, treten bei einer *bestimmten ... Klasse von Menschen* gewisse Ereignisse ein."

Solche theoretischen Aussagen beziehen sich auf eine bestimmte Klasse von Menschen, die in bestimmter Weise durch ihr Sosein definiert ist. Jeder Mensch, der die Kriterien dieser Klasse von Menschen irgendwo und irgendwann erfüllt, kann als maximal repräsentativ für diese Klasse angesehen werden, da ja im Galileischen Wissenschaftsbegriff keine Ausnahmen zugelassen werden.

Da es jedoch beim Experimentieren mit dem Menschen nicht (immer) möglich ist, störende Umstände restfrei zu eliminieren, wie es HOLZKAMP in seiner Formel fordert, werden statistische Verfahren nötig, die den Einfluß der Störgrößen abschätzbar machen sollen, die aber ihrerseits eine Erhöhung der Anzahl der Vpn über 1 hinaus erforderlich werden lassen.

Theoretische Sätze oder Theorien, welche Struktur sie immer haben mögen, können eine eigene Dienstfunktion besitzen, d.h. sie können für etwas, das außerhalb des wissenschaftlichen Satzsystems steht. Relevanz besitzen.

HOLZKAMP (K. HOLZKAMP 1970 a) hat diese Relevanz als äußere Relevanz bezeichnet und in ‚kosmologische-‘, ‚anthropologische-‘, ‚technische-‘ und ‚emanzipatorische Relevanz‘ aufgegliedert.

Äußere Relevanz besitzen theoretische Sätze. Das Experiment besitzt nur Relevanz für diese theoretischen Sätze; für sich selbst besitzt das Experiment keinerlei Dienstfunktion − es ist nicht Selbstzweck, sondern nur Mittel zum Zweck. Lebensnahes, praxisbezogenes oder biotisches Experimentieren setzt ebensolche theoretischen Sätze voraus. Sind solche Sätze gegeben, ist es allerdings die Aufgabe des Experimentators, diese optimal im Experiment zu repräsentieren. Es ist nun mit Hinblick auf die Forschungspraxis zu konstatieren, daß nicht nur die experimentellen Handlungsweisen den theoretischen Sätzen, sondern daß auch die theoretischen Sätze den experimentellen Möglichkeiten angepaßt werden. Auch durch die letztere Verfahrensweise kann die Repräsentativität experimentellen Handelns für die vorgeordneten theoretischen Sätze erhöht und einem höheren Exaktheitsanspruch entsprochen werden. HOLZKAMP (K. HOLZKAMP 1970 a, S. 5 f.) beklagt, daß die Praxisrelevanz theoretischer Aussagen dadurch häufig verringert wird; er vertritt die Auffassung, das Gesamt, der mittels der experimentellen Methode eingebrachten Fakten, sei als eine Anhäufung unübersehbarer und unverbundener Einzelbefunde anzusehen.

Man kann als Konsequenz hieraus die Notwendigkeit einer extensiven theoretischen Systematisierung vorliegender Befunde und zukünftiger Forschung (Forschungsstrategie) herleiten oder aber auch, wie

HOLZKAMP es vorschlägt, an eine strukturelle Änderung im methodischen Vorgehen selbst denken.

Es ist derzeit jedoch noch nicht deutlich, welches die Konsequenzen sein könnten, die sich aus dem Dilemma[1] zwischen dem Anspruch der äußeren Relevanz einerseits und der sich aus der Exaktheitsforderung andererseits herleitenden notwendigen Spezifizierung und Detaillierung experimenteller Arrangements und darauf bezogener theoretischer Aussagen ergeben. Da jedoch die zu vollziehende Strukturänderung im methodischen Vorgehen selbst (noch) nicht deutlich ist, kann auch nicht darüber entschieden werden, ob sie die Auflösung dieses Dilemmas zu leisten vermag. Es ist also an denen, die die mangelnde Lebensnähe psychologischen Experimentierens beklagen und die experimentelle Methode unter diesem Kriterium für unfruchtbar halten, Alternativkonzepte zu entwickeln (vgl. zum Problem der Lebensnähe psychologischen Experimentierens A. CHAPANIS 1967; H. DÜKER 1970; K. LEWIN 1927; A. WELLEK 1947).

Die Diskussion über das Wesen theoretischer Aussagen wurde in jüngster Zeit in Sonderheit durch die Werturteilsproblematik bestimmt. Dieses Problem läßt sich nach ALBERT (H. ALBERT 1960, S. 208) in drei Teilprobleme aufgliedern:

1. das Problem, inwieweit Wertungen als Objekte der Sozialwissenschaft legitim sind,

2. das Problem, ob sozialwissenschaftlichen Aussagen Wertungen zugrunde liegen und

3. das Problem, ob sozialwissenschaftliche Aussagen Wertungen zum Ausdruck bringen (dürfen).

Es ist den Sozialwissenschaften unbestritten, Wertungen verschiedenster Art als Forschungsgegenstand zu thematisieren. Weiterhin steht es nach ALBERT außer Frage daß die Forschungstätigkeit, indem sie

---

1 Das hier angesprochene methodische Dilemma bezeichnet WELLEK als den Konflikt „zwischen der alten Exaktheitsforderung nach künstlichen (weil planmäßig zu variierenden), möglichst sogar meßbaren Bedingungen und andererseits der Forderung nach Lebensnähe, ja Lebensechtheit" (A. WELLEK 1947, S. 27).
Das hier von WELLEK angesprochene Problem trifft das HOLZKAMPsche Problem nur insofern z.T., als sich WELLEK auf die methodische (experimentelle) Behandlung eines gegebenen Problems bezieht, während HOLZKAMP die mangelnde Lebensnähe der dem Experiment vorgeordneten theoretischen Sätze (Problemstellung, Themenauswahl, Hypothesen) beklagt.

sich in einem bestimmten Kulturkreis vollzieht, auch durch die Werte, die in dieser Kultur oder Gesellschaft gegeben sind, determiniert wird. Dies darf jedoch nach ALBERT nicht dazu führen, zu meinen, daß der „normative Hintergrund der Wissenschaften, ihre moralische Basis, die sie unzweifelhaft haben, in ihren Aussagen und Systemen irgendwie inhaltlich zum Ausdruck kommen müßte" (H. ALBERT 1960, S. 208).

POPPER (K. R. POPPER 1952) vertritt die Auffassung, daß es Werte innerhalb und außerhalb der Wissenschaft gibt und sieht es als Aufgabe wissenschaftlicher Kritik und Diskussion an, die Vermengung beider Wertsphären zu bekämpfen.

Theoretische Aussagen können kausal oder probabilistisch gefaßt sein. W. JANKE vertritt 1969 (W. JANKE 1969 a, S. 98) die Auffassung, daß das Kausalprinzip in der Psychologie zugunsten des prognostischen Wertes wissenschaftlicher Aussagen fallengelassen werden muß, weil die „multifaktorielle Bedingtheit der meisten Phänomene" die Annahme des Kausalitätsprinzips nicht mehr zulasse.

Hierzu ist jedoch festzustellen, daß es nichts am Prinzip der Kausalität ändert, ob eine, mehrere oder eine Vielzahl von Variablen als ein bestimmtes Phänomen kausal determinierend gedacht werden. Das von JANKE angesprochene Problem trifft das Prinzip der Kausalität nicht, sondern bezieht sich lediglich auf die ungeheure Schwierigkeit, ein dermaßen komplexes Faktorengeflecht, wie es in der Psychologie vorliegt, in einem System kausal zur Darstellung zu bringen, das einer kritischen experimentellen Prüfung unterzogen werden kann und standhält.

9.3. Das Experiment im Dienste der Aufstellung, Verifikation, Falsifikation und Modifikation theoretischer Aussagen

Nachdem wir verschiedene Formen theoretischer Sätze, auf die sich das Experiment beziehen kann, diskutiert haben, müssen wir uns der Frage zuwenden, was das Experiment mit Bezug auf diese theoretischen Sätze leistet, welche Beziehungen zwischen dem Experiment und den theoretischen Sätzen gestiftet werden können. Hierbei erscheinen vier Formen denkmöglich:

1. mit Hilfe des Experiments werden theoretische Sätze aufgestellt,

2. mit Hilfe des Experiments werden theoretische Sätze verifiziert,

3. mit Hilfe des Experiments werden theoretische Sätze falsifiziert und

4. mit Hilfe des Experiments werden theoretische Sätze modifiziert.

Im folgenden wäre zu untersuchen, inwieweit theoretische Sätze durch das Experiment aufgestellt, verifiziert, falsifiziert oder modifiziert werden können.

Wenn wir das Experiment in den Rahmen der empirischen Forschung stellen, so wäre für die Erörterung dieser Probleme die gesamte wissenschaftstheoretische Literatur einschlägig, die sich mit dem Verhältnis von Theorie und Empirie befaßt. Diese sehr umfängliche Literatur kann jedoch an dieser Stelle aus Kompetenz- und Raumgründen nicht dargestellt werden.

Wir wollen im folgenden lediglich einige Stimmen zu diesem Problem laut werden lassen, die die Verschiedenartigkeit der Ansichten und die Vielschichtigkeit der Problemlage deutlich werden lassen sollen. Hierbei beziehen wir uns in Sonderheit auf die Autoren, die sich mit ihren Äußerungen explizit auf das Experiment beziehen.

W. METZGER schreibt dem Erkundungsexperiment die Funktion zu, zu ermitteln, ob es bestimmte Erscheinungen gibt oder nicht. Das Entscheidungsexperiment hingegen diene dazu, Vermutungen über die Natur auf ihre ‚faktische Stichhaltigkeit' zu prüfen (W. METZGER 1952, S. 144).

Dem Experiment kommt also nach METZGER die Möglichkeit zu, theoretische Sätze aufzustellen und zu verifizieren. Die verifizierende Funktion wird dem Experiment auch von R. PAGES 1962, S. 416; W. SIEBEL 1965, S. 169; R. KÖNIG 1965, S. 42 zugebilligt.

Die Möglichkeit der Verifikation theoretischer Aussagen ist jedoch spätestens seit 1934 durch POPPER umstritten, der die Auffassung vertrat, wissenschaftliche Allsätze könnten empirisch-induktiv nicht verifiziert, sondern lediglich falsifiziert werden. Die Verifikation kann auch durch beliebig viele Experimente mit gleichem Ausgang nicht geleistet werden, da auch von diesen aus nicht logisch zwingend auf ein einziges, künftiges Experiment geschlossen werden kann.

Popper ersetzt das Verifikationsprinzip durch das Falsifikationsprinzip. Sinnvolle empirische Sätze sind für Popper dadurch gekennzeichnet, daß sie „an der Erfahrung scheitern können" (K. R. Popper
1966, S. 15). Ist ein theoretischer Satz, der universelle Gültigkeit be-
ansprucht, nur ein einziges Mal falsifiziert worden, so genügt das, um
ihn zu verwerfen; hier ist i.S. Lewins (K. Lewin 1930/31, S. 466 f.)
der Galileische Wissenschaftsbegriff zugrundegelegt, dem die Gesetzes-
aussage zugeordnet werden kann, in der keine Ausnahmen zugelassen werden. Bezieht sich die Psychologie jedoch insgesamt oder zu
Teilen in ihren Aussagen auf den Aristotelischen Wissenschaftsbegriff,
so sind von den so konstituierten Aussagen Ausnahmen zulässig und
können als solche akzeptiert werden.

Aber bereits bevor Popper im Zusammenhang wissenschaftlicher
Allaussagen das Falsifikationsprinzip als das einzig wissenschaftlich
legitime hervorhob, wies Duhem auf die problematische erkenntnis-
theoretische Situation der Falsifikation hin. Nach Duhem kann nie
ein einzelner wissenschaftlicher Lehrsatz falsifiziert werden; falsifi-
zierbar sind nur sehr vielschichtige Satzsysteme. Verbeispielend schreibt
Duhem:

„Ein Physiker will die Unrichtigkeit eines Lehrsatzes beweisen. Um aus
diesem Lehrsatz eine zu erwartende Erscheinung abzuleiten, um das Experiment, das zeigen soll, ob diese Erscheinung eintritt oder nicht, anzuordnen,
um die Resultate dieses Experiments zu interpretieren und um zu konstatieren, ob die erwartete Erscheinung aufgetreten sei, kann er sich nicht auf
die Anwendung des in Frage stehenden Lehrsatzes beschränken. Er wendet
noch eine ganze Gruppe von Theorien, die von ihm nicht in Frage gestellt
sind, an. Das Auftreten oder Nichtauftreten der Erscheinung, das die De-
batte entscheiden soll, ergibt sich nicht aus dem strittigen Lehrsatz allein,
sondern aus der Verbindung desselben mit dieser ganzen Gruppe von Theorien. Wenn die erwartete Erscheinung nicht auftritt, wird nicht nur der
strittige Lehrsatz widerlegt, sondern auch das ganze theoretische Gerüst,
von dem der Physiker Gebrauch gemacht hat. Das Experiment lehrt uns
bloß, daß unter allen Lehrsätzen, die dazu gedient haben, die Erscheinung vorauszusagen mindestens einer im Irrtum sei. Aber wo dieser Irrtum liegt, sagt es uns nicht. Erklärt der Physiker, daß dieser Irrtum gerade
in dem Lehrsatz, den er widerlegen will, enthalten sei und nirgends anders?
Das würde bedeuten, daß er implizite die Richtigkeit aller anderen Lehrsätze,
von denen er Gebrauch macht, annimmt. Ebensoviel, wie dieses Vertrauen, ist
sein Schluß wert" (P. Duhem 1908, S. 245/246).

Analoge Überlegungen klingen auch bei SPINNER in seiner defini-
torischen Bestimmung des Experiments als einer „...*Methode der An-
wendung von Theorien zur kritischen Prüfung anderer Theorien an der
Erfahrung...*" an (H. F. SPINNER 1969, S. 1006).
   Während DUHEMS Überlegungen die Falsifizierbarkeit theoretischer
Sätze bereits weitgehend problematisch erscheinen lassen, verwirft
HOLZKAMP (K. HOLZKAMP 1970 b, S. 14 f.) ausgehend von einer konstruktivistischen Position das Falsifikationsprinzip[1].
   Theoretische Sätze können trotz abweichender empirischer Befunde unter Rückgriff auf störende Bedingungen exhauriert werden.
Das Exhaustionsprinzip kann aus der wissenschaftlichen Praxis nicht
ausgeschlossen werden, da ansonsten eine Vielzahl theoretischer Systeme zusammenbrechen müßten; unsere (wissenschaftliche) Welt-
orientierung wäre jedoch damit weitgehend in Frage gestellt. Da die
Möglichkeit, daß beim empirischen und mithin experimentellen Handeln störende Bedingungen vorgelegen haben, letztlich nie ausgeschlossen werden kann, ist es wenigstens prinzipiell immer möglich, theoretische Sätze zu exhaurieren, das hieße aber, daß es unmöglich ist, theoretische Aussagen zu falsifizieren.
   Es erscheint uns notwendig, den Prozeß der Exhaustion, der ja
in dieser Weise der unlimitierten Beibehaltung theoretischer Aussagen
trotz beliebig vieler anderslautender empirischer Befunde, nirgends in
der wissenschaftlichen Praxis stattfindet, zu reflektieren und Kriterien
aufzustellen, gemäß denen theoretische Sätze exhauriert werden können
oder verworfen werden müssen. Ein theoretischer Satz ist unserer Auffassung nach spätestens dann zu verwerfen, wenn es möglich ist, den
gleichen Sachverhalt mit einem anderen theoretischen Satz abzudecken,
der ein geringeres Maß an Exhaustion erfordert, wie es HOLZKAMP 1964
(K. HOLZKAMP 1964, S. 21 f.) in dem Konzept der Belastetheit selbst
dargestellt hat.
   Nach HOLZKAMP (K. HOLZKAMP 1970 b) können wissenschaftliche
Theorien streng genommen weder verifiziert noch falsifiziert werden.

1 Vgl. zum Konzept des Konstruktivismus und zum Prinzip der Exhaustion H.
  DINGLER 1911; 1921; 1928; 1950; K. HOLZKAMP 1964; 1968; 1970 a; 1970 b;
  E. MAY 1949 a; A. NYMAN 1949, wie auch jüngste Arbeiten zur Explikation und
  Kritik des Konstruktivismus, die für die Psychologie, insbesondere in der Ztsch.
  für Sozialpsychologie, ein Forum gefunden haben: H. ALBERT 1971; K. HOLZKAMP
  1971; 1972; R. MÜNCH und M. SCHMIDT 1970.

Wissenschaftliches Handeln kann lediglich nach systemimmanenter Verbindlichkeit streben und die Möglichkeit intendieren, die den theoretischen Aussagen entsprechenden realen Verhältnisse herzustellen. Eine Weiterverfolgung dieser Überlegungen würde uns zu einer kritischen Reflexion der methodologischen Grundlagen der Möglichkeiten und Grenzen empirischen Forschens führen. Die in diesem Zusammenhang anstehenden vielfältigen und komplexen Problemen können jedoch im Rahmen dieser Arbeit nicht erörtert oder gar geklärt werden.

Die von uns aufgeführte vierte Kategorie der Beurteilung theoretischer Aussagen, die Modifikation, kann als Folge einer partiellen Verifikation und Falsifikation angesehen werden, die ggf. mit der Aufstellung neuer theoretischer Vorstellungen einhergeht, die sich auf den falsifizierten Teil der theoretischen Aussage beziehen.

Die Überlegungen, die sich auf Verifikation und Falsifikation beziehen, können entsprechend auch zur Analyse der Kategorie ‚Modifikation' herangezogen werden, wenn man sie überhaupt als eigenständige Kategorie bestimmen will.

10. Wissenschaftstheoretische Voraussetzungen des Experimentierens

10.1. Vorüberlegungen

Wir haben das Experiment als den Inbegriff bestimmter Handlungsweisen verstanden, die einem Forscher zu einer bestimmten Zielverwirklichung (als Aufstellen, Verifizieren, Falsifizieren oder Modifizieren theoretischer Sätze) dienen.

Dieses Handeln kann einer kauslanalytischen Betrachtungsweise unterzogen werden. Hierbei wird die experimentelle Handlung auf die Bedingungen hin analysiert, die im Zusammenhang des experimentellen Handelns gegeben sein müssen und dieses Handeln determinieren.

So kann man bestimmte Persönlichkeitsstrukturen des Forschers, wie sein Motivationsgefüge, seine Interessenlage etc., als die Auswahl des Forschungsgegenstandes mitdeterminierend ansehen. Die Forscherpersönlichkeit wiederum kann hinsichtlich des sozialen Feldes analysiert werden, in dem sie steht und von dem aus bestimmte Determinationen angenommen werden können.

Das experimentelle Handeln wird jedoch nicht allein durch die Forscherpersönlichkeit und durch die äußeren Bedingungen, die einen Einfluß auf diese ausüben, rahmenmäßig vorbestimmt. Um überhaupt empirisch Forschen und mihin auch experimentell Handeln zu können, ist der Forscher in die Notwendigkeit gestellt, Bestimmtes als gegeben anzunehmen, Voraussetzungen zu treffen.

Diese Voraussetzungen sind notwendig, um den Prozeß der (empirischen, experimentellen) Forschung mit Hinblick auf die Dienstfunktion der Forschung angemessen in Gang zu bringen. Durch diese wissenschaftstheoretischen Voraussetzungen wird der Forschungsprozeß bereits rahmenmäßig vorentworfen. Da die wissenschaftstheoretischen Voraussetzungen durch den Forscher aufgestellt und akzeptiert werden, sind sie dem Handeln des Vls zuzuordnen. Die Voraussetzungen fungieren als Normen seines weiteren Handelns. Sie können durch den Vl explizit angegeben oder toleriert werden. Aber auch indem der Forscher bestimmte Normen toleriert, handelt er in bestimmter Weise.

Die wissenschaftstheoretischen Voraussetzungen und Normen des Experimentierens können an dieser Stelle nicht hinreichend abgeklärt

88

werden. Eine systematische Erörterung der in diesem Zusammenhang anfallenden Probleme müßte alle die Überlegungen einbeziehen, die die empirische Forschung allgemein betreffen. Erst von der Basis einer Theorie der empirischen Forschung ließen sich die Voraussetzungen der experimentellen Forschung systematisch erörtern. Wir verfügen jedoch über keine, wenigstens durch den Konsensus eines überwiegenden Teiles der Kundigen getragene, Theorie des empirischen Forschens, vielmehr kann der Begriff der Erfahrung zu den am wenigsten geklärten Begriffen gezählt werden, über die wir verfügen (vgl. H. G. GADAMER 1960, S. 329).

Wenn wir schon über kein einheitliches und weitgehend anerkanntes Konzept verfügen, so wäre es zumindest sinnvoll, die wesentlichsten wissenschaftstheoretischen Ansätze zusammenzustellen und sie mit Hinblick auf die Konsequenzen für das experimentelle Vorgehen zu untersuchen, wie es HOLZKAMP im konstruktivistischen Konzept getan hat.

Mit Rücksicht auf die Komplexität der Problemlage, die sich in den unterschiedlichen Auffassungen spiegelt, müssen wir uns darauf beschränken, die uns wesentlich erscheinenden Grundannahmen empirischen Forschens im allgemeinen und experimentellen Forschens im besonderen zusammenzustellen.

10.2. Grundannahmen empirischen Forschens

10.2.1. Annahmen über die Realität

Der empirisch Forschende wird zunächst eine von ihm unabhängige Realität annehmen, die ihm als Objekt seiner Forschung gegeben ist. Darüber hinaus wird er bestimmte Annahmen über die Realität treffen. Sowohl unter dem wissenschaftlichen Leitkriterium der Erkenntnis von Welt als auch unter dem pragmatischen Kriterium technischer Bewältigung der Welt ist es erforderlich, eine gewisse Kontinuität der Naturerscheinungen anzunehmen, die J. St. MILL als ‚belief in the uniformity of the course of nature‘ gefaßt hat. Ohne diese Annahme wäre es sinnlos, Voraussagen oder Verallgemeinerungen empirischer Befunde zu formulieren, und damit würde der nomothetische Anspruch der Wissenschaft fallen.

10.2.2. Annahmen über den methodischen Vorgang des Erkennens

Über die Annahmen, die sich auf die Realität selbst beziehen, hinaus muß der Forscher bestimmte Annahmen treffen, die sich auf den Akt des Erkennens, die Methode, beziehen.

Wissenschaftliche Erkenntnis kann sich nur in einem sprachlichen System vollziehen, der Erkenntnisakt setzt mithin Sprache (als System semantischer Zeichen) voraus. Eine Analyse der wissenschaftlichen Sprache stellt damit einen wichtigen Beitrag zur methodologischen Reflexion dar (vgl. für die Wissenschaftssprache der Psychologie G. MANDLER und W. KESSEN 1959).

POINCARÉ (H. POINCARÉ 1904, S. 158) sieht die Realität als ein verworrenes Bündel von Erscheinungen an. Empirische Forschung, insbesondere aber das Experiment, sei dadurch gekennzeichnet, daß der Forscher hierbei aus diesem Bündel von Naturerscheinungen einzelne Elementarvorgänge isoliert zur Darstellung bringt. In gleicher Weise äußert sich MAY (E. MAY 1949 b, S. 32):

„Im allgemeinen wird jeder Versuch in der Absicht angestellt, aus dem ungeheuer verfilzten Gewebe des Naturgegebenen einzelne Komponenten gleichsam herauszulösen und rein zur Darstellung zu bringen."

Wenngleich sich MAY hier eigentlich zur Dienstfunktion des Experimentierens geäußert hat, so läßt sich daraus dennoch sehr gut seine Grundauffassung über das Verhältnis empirischer Daten zur Realität herauskristallisieren.

Die empirisch gewonnenen Befunde stehen in einem bestimmten Verhältnis zu einem vorgeordneten theoretischen Satz oder System. Es erhebt sich an dieser Stelle die Frage, ob und wenn ja, unter welchen wissenschaftlichen Vorannahmen die empirischen und mithin auch die experimentellen Daten zu Integralbegriffen verallgemeinert oder zur Bestätigung theoretischer Konstrukte herangezogen werden können? Mit diesem Problem befaßt sich die Theorie des induktiven Schließens (vgl. hierzu etwa E. MAY 1949 a; E. NAGEL 1961, S. 79 f.; A. NYMAN 1949), die im logischen Empirismus formalisiert wurde (vgl. R. CARNAP und W. STEGMÜLLER 1959; A. PAP 1955).

Die Auswahl der zu untersuchenden Realität impliziert theoretische Vorentscheidungen. Jeder Erfahrung vorgeordnet ist ein „...beim Forscher installiertes *allgemeines Selektionsprinzip,* aus dem Gesichtspunkte darüber zu gewinnen sind, welchen der Gegebenheiten unter der unendlichen Vielfalt des ‚Vorgefundenen' man seine ‚wissenschaftliche' Beachtung zuwenden soll" (K. Holzkamp 1964, S. 10).

Die wissenschaftstheoretische Notwendigkeit der Vorgeordnetheit theoretischer Aussagen vor empirischem und mithin auch experimentellem Handeln wird auch durch I. M. Bochenski 1954, S. 107; K. Foppa 1967, S. 8 f.; K. Holzkamp 1964, S. 9 f.; 1970 b, S. 16; H. Poincaré 1904, S. 146 vertreten. Ebenso drückt Popper diese Auffassung bildhaft aus, wenn er schreibt:

„Die Theorie ist das Netz, das wir auswerfen, um ‚die Welt' darin einzufangen..." (K. R. Popper 1966, S. 31).

Der Gedanke der Vorgeordnetheit theoretischer Annahmen findet sich bereits in den Anfängen des Experimentierens bei Leonardo Da Vinci (1452−1519):

„...Experiment ist (bei Leonardo Da Vinci[1]) die Befragung der Natur auf eine im voraus entworfene Theorie, um zu prüfen, ob diese durch das Experiment bestätigt oder widerlegt wird. Der Ausgangspunkt zur Befragung der Natur wird also *die vom Menschen an sie herangetragene Theorie.* Daher ist es nach Leonardo Da Vinci auch nicht möglich, die ganze Natur zu erkennen, sondern nur jene Ausschnitte, die sich im Rahmen der von Menschen aufgestellten Theorien und Fragen ergeben. Die Natur ist so das Korrelat zum Menschen und seiner Fähigkeit (E. Grassi in W. Heisenberg (Hrsg.) 1965, S. 135).

Im wissenschaftstheoretischen Ansatz des Konstruktivismus wird das aktiv in das Naturgeschehen eingreifende Moment des Forschens besonders akzentuiert. Die Konzeption der Vorgeordnetheit theoretischer Konzepte ist hier radikal verwirklicht.

Dingler formuliert drei resp. vier Prinzipien wissenschaftlichen Vorgehens, die seine Auffassung der wissenschaftlichen Erkenntnis spiegeln; diese Prinzipien sind nach Dingler aller wissenschaftlichen Forschung vorgeordnet.

1. Das Prinzip der Wissenschaft:

„Wir wollen Wissenschaft." Das bedeutet „...möglichst dauernde in Worten aussprechbare, sichere Kenntnisse..." (H. Dingler 1923, S. 9, gesperrt).

2. Das Zweckprinzip:

„Unter mehreren möglichen Vorgehen zum Zwecke der Wissenschaft soll dasjenige den Vorrang verdienen, welches das einfachere ist" (H. Dingler 1923, S. 9, gesperrt).

---

1 Im Original keine Klammer.

3. Das Prinzip der Synthese:
„Wir wollen im folgenden Wissenschaft soviel als möglich durch uns selbst gegebene Festsetzungen und sowenig als möglich aus anderen Quellen gewinnen" (H. DINGLER 1923, S. 10, gesperrt).

Aus diesen drei Prinzipien folgt nach DINGLER:

4. Das Prinzip der Festsetzung:
„Es gibt keinen anderen Weg, die allgemeine Geltung einer Regel zu garantieren, als die willensmäßige Festsetzung derselben" (H. DINGLER 1923, S. 13, gesperrt).

Nach DINGLER (H. DINGLER 1923, S. 14) können solche Festsetzungen nur dadurch garantiert und durchgesetzt werden, indem man die in den Festsetzungen aufgestellten Regeln ausnahmslos anwendet. Die willensmäßige Festsetzung von Regeln und deren ausnahmslose Anwendung verweist auf die DINGLERsche Methode der Exhaustion, auf die wir im Zusammenhang der Erörterung der Dienstfunktion des Experiments hingewiesen haben.

Das ‚Prinzip der Wissenschaft‘ und das ‚Zweckprinzip‘ können als weitgehend anerkannte und praktizierte Maximen wissenschaftlichen Selbstverständnisses und Handelns angesehen werden, während mit dem ‚Prinzip der Synthese‘ eine für den konstruktivistischen Ansatz spezifische Norm wissenschaftlichen Handelns gesetzt wird.

Das Zweckprinzip ist später auch als das Prinzip der Einfachheit bezeichnet worden. Es kann nach NYMAN (A. NYMAN 1956, S. 160) auf zweierlei bezogen werden:

1. Wissenschaftliches Handeln richte sich so aus, daß die Ergebnisse eine möglichst einfache Anwendung gewährleisten oder

2. wissenschaftliches Handeln richte sich so aus, daß die für die Ergebnisse notwendigen Voraussetzungen möglichst einfach sind.

Das erste Kriterium kann man als ein pragmatisches- und das zweite Kriterium als ein wissenschaftstheoretisches Kriterium bezeichnen.

Das Prinzip der Synthese, daß als das für den Konstruktivismus spezifische Prinzip angesehen werden kann, können wir nicht akzeptieren (vgl. unsere Ausführungen zum Konstruktivismus 3.3.2.2.).

10.3. Spezielle Annahmen des experimentellen Forschens

10.3.1. Die Struktur des Kontrollgruppenversuchs

Während wir uns im Vorangegangenen auf wissenschaftstheoretische Voraussetzungen des empirischen Forschens schlechthin bezogen haben, wollen wir uns im folgenden die für das experimentelle Vorgehen spezifischen Annahmen vergegenwärtigen.

Wir haben die systematische Variation als das Grundkriterium angesehen, das das Experiment von anderen empirischen Forschungsmethoden unterscheidet. Wenn die Variation dem Experiment notwendig zukommt, kann der Kontrollgruppenversuch als die einfachste Form des experimentellen Vorgehens angesehen werden. Hier besteht die Variation lediglich darin, daß ein Merkmal einmal gegeben ist (Experimentalgruppe) und einmal nicht gegeben ist (Kontrollgruppe).

Komplexere Designformen lassen sich hinsichtlich der Variation von Merkmalen und hinsichtlich der Kontrollfunktion als ggf. hochspezifische Kombinationen von Kontrollgruppenversuchen auffassen. Die Voraussetzungen, die wir hinsichtlich der von uns unterschiedenen beiden Formen des Kontrollgruppenversuchs (vgl. 3.4.2.) im einzelnen aufführen wollen, können auch für komplexere Designformen als verbindlich angesehen werden, wiewohl dort Spezifikationen dieser Grundannahmen erforderlich werden können.

Wir haben zwei Formen von Kontrollgruppenversuchen unterschieden. Der erste Typus besteht darin, daß sich die Vpn von vornherein bezüglich bestimmter Parameter unterscheiden und im Experiment einer gleichen Behandlung unterzogen werden, während der zweite Grundtypus dadurch gekennzeichnet werden kann, daß zwei bezüglich bestimmter Parameter gleiche Vpn-Gruppen einem unterschiedlichen treatment unterzogen werden.

Während der zu prüfende Faktor im ersten Fall durch die Auswahl der Vpn gegeben ist, die für Experimental- und Kontrollgruppe hier nach verschiedenen Kriterien erfolgt, wird der zu prüfende Faktor im zweiten Fall erst im Verlauf des Experiments an die Experimentalgruppe herangeführt.

Beim letzteren Fall des Kontrollgruppenversuchs kann der Ablauf des Experiments in zwei Phasen aufgegliedert werden, einmal bis

Eintritt des zu prüfenden Faktors und zum anderen nach Eintritt des zu prüfenden Faktors.

Im ersten Typus von Kontrollgruppenversuch hingegen ist während des gesamten Versuchsablaufs der Unterschied zwischen den beiden Gruppen, der im zu prüfenden Faktor besteht, gegeben.

Der zweite Grundtypus von Kontrollgruppenversuch kann mithin als die merkmalsreichere Form angesehen werden.

Wenn wir die wissenschaftstheoretischen Voraussetzungen für diese Grundform analysiert haben, muß es leicht möglich sein, die Voraussetzungen für den anderen, einfacheren Grundtypus zu erarbeiten. Wir werden uns also zunächst auf den zweiten Grundtypus von Kontrollgruppenversuch beziehen.

10.3.2. Annahmen bei der Verwendung von Kontrollgruppen

Im Kontrollgruppenversuch werden Unterschiede in der oder den abhängigen Variablen mit Hinblick auf den zu prüfenden Faktor als dessen Wirkung interpretiert.

Um diese Interpretation in dieser Weise vollziehen zu können, sind bestimmte Annahmen hinsichtlich der Vergleichbarkeit der beiden Versuchsgruppen erforderlich.

Hypothese 1:

a) die kontrollierten und mutmaßlich versuchsrelevanten unabhängigen Faktoren der experimentellen Ausgangssituation gleichen sich in Experimental- und Kontrollgruppe; in beiden Gruppen sind Interaktionen dieser Parameter in gleicher Weise ausgebildet.

b) Störende Bedingungen sind in der Ausgangssituation beider Gruppen nicht oder in gleicher Weise vorhanden oder streuen um die jeweiligen Gruppenmittelwerte derart, daß diese relativ zueinander unverändert bleiben.

Hypothese 2:

a) Die Einführung unabhängiger Faktoren während der Versuchssituation (Instruktion, Verhalten des Vls, situative Reize) wirken auf beiden Gruppen gleich.

b) Die Wirkung ist auch dann gleich[1], wenn diese Faktoren zeitlich nach Eintreten des zu prüfenden Faktors auftreten, d.h. die Wirkung der unabhängigen Faktoren ist auch dann auf beide Gruppen die gleiche, wenn in einer Gruppe die Systembedingungen bereits durch den zu prüfenden Faktor als verändert angenommen werden müssen und insofern auf unterschiedlichen „Nährboden" fallen.

Hypothese 3:

a) Die störenden Bedingungen, die bis Eintritt des zu prüfenden Faktors in die Experimentalsituation auf beide Gruppen wirken, sind hinsichtlich ihrer Wirkung auf beide Gruppen gleich.

b) Die störenden Bedingungen, die nach Einwirkung des zu prüfenden Faktors auf beide Gruppen wirken, wirken auf diese in gleicher Weise, obgleich die Experimentalgruppe durch die Einwirkung des zu prüfenden Faktors von der Kontrollgruppe in ihren Systembedingungen unterschieden ist.

Hypothese 4:

Indikationsfaktoren wirken in beiden Gruppen in gleicher Weise auf die Datengewinnung ein.

10.3.3. Schematische Darstellung der Voraussetzungen für die Verwendung von Kontrollgruppen

Im folgenden wollen wir den zweiten Grundtypus des Kontrollgruppenversuchs schematisch darstellen und in dieser Darstellung aufzeigen, an welchen Stationen des Ablaufs die von uns oben aufgefächerten Annahmen notwendig werden.

---

1 Was in diesem Zusammenhang „gleich" heißen kann, bedarf einer Klärung. Sind zwei Merkmale gleich ausgeprägt und wirkt Etwas auf diese Merkmale in gleicher Weise, so muß die Ausprägung der Merkmale nach der Einwirkung wieder gleich sein. Sind jedoch zwei Merkmale verschieden stark ausgeprägt (wie das im Zusammenhang der H 2b und der H 3b angenommen werden muß), ist die Ausprägung dieser Merkmale nach Einwirkung des als in seiner Wirkung gleich angenommenen Faktors verschieden, je nachdem, ob man ein additives, multiplikatives, logarithmisches oder ein noch anderes Modell von Gleichheit zugrunde legt. Welches Modell jeweils anzusetzen wäre, kann jedoch nicht allgemein vorentschieden werden.

Voraussetzungen des Kontrollgruppenversuchs (2. Grundtypus)

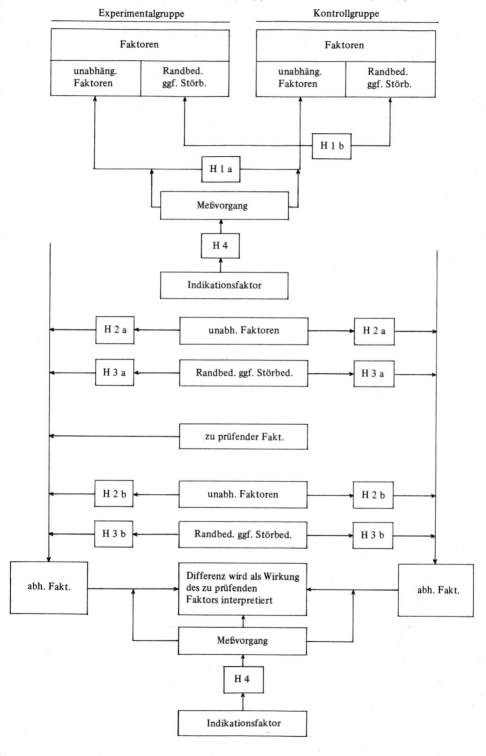

In unserem Schema der Voraussetzungen des Kontrollgruppenversuchs sind die von uns aufgestellten Hypothesen als H1 ... H4 bezeichnet.

Ganz analog zum zweiten Grundtypus des Kontrollgruppenversuchs lassen sich die Voraussetzungen für den ersten Grundtypus herleiten. Der erste Grundtypus ist dadurch gekennzeichnet, daß zwei Versuchsgruppen so zusammengestellt werden, daß sie sich hinsichtlich eines Merkmals, des zu prüfenden Faktors, unterscheiden. Beide Versuchsgruppen werden im Experiment gleich behandelt. Unterschiede in der abhängigen Variable werden mit Hinblick auf die unterschiedliche Ausgangssituation interpretiert.

Der zu prüfende Faktor wird beim ersten Grundtyp von Kontrollgruppenexperiment nicht erst in der Experimentalsituation an die Experimentalgruppe herangetragen, sondern ist bereits immer in der Experimentalsituation gegeben. Aus diesem Tatbestand ergeben sich Konsequenzen für die Annahmen, die dieser Versuchsanordnung zugrunde liegen.

Die Hypothesen 2a und 3a entfallen, da der zu prüfende Faktor von Beginn des Experiments an in der Experimentalgruppe gegeben ist. Zur Ausgangssituation muß hingegen eine Zusatzhypothese formuliert werden:

Hypothese 1:
c) Experimental- und Kontrollgruppe unterscheiden sich nur hinsichtlich des zu prüfenden Faktors.

10.3.4. Konsequenzen für das Experimentieren

Akzeptiert man die Gültigkeit dieser aufgeführten Hypothesen, so ist man berechtigt, Differenzen im Sosein der abhängigen Variable oder in unserer Terminologie des abhängigen Faktors als Wirkung des zu prüfenden Faktors aufzufassen.

SIEBEL (W. SIEBEL 1965, S. 73 f.) vertritt die Ansicht, daß Interaktionen zwischen dem zu prüfenden Faktor und Störbedingungen in der Experimentalgruppe nicht auszuschließen sind. Diese Effekte können natürlich nur in der Experimentalsituation auftreten; er sieht dadurch die Vergleichbarkeit der beiden Versuchsgruppen derart in Frage gestellt,

daß er diese Art des Experimentierens nicht akzeptiert. Er schlägt statt-
dessen vor, Störbedingungen systematisch zu analysieren und somit in
den Griff zu bekommen. Für den Gegenstandsbereich der Psychologie
hieße das aber, daß Störbedingungen zu Kontrollzwecken als unabhängige Faktoren in den Versuch eingebracht werden müßten, sofern sie
nicht eliminiert werden können (vgl. 3.4.2). Es können jedoch auch
spezifische Interaktionen zwischen unabhängigen Faktoren und dem
zu prüfenden Faktor auftreten. Eine bestimmte Verhaltensweise des
Vls kann auf eine Vpn-Strichprobe, die nach einem bestimmten klini-
schen Kriterium zusammengestellt wurde, ganz anders wirken als auf
eine Vpn-Stichprobe, die der Normalpopulation entspricht und als
Kontrollgruppe fungiert. Dieser bias kann sowohl dann auftreten,
wenn der Vl diese Verhaltensweise unintendiert und unkontrolliert
zeitigt, als auch, wenn er sich absichtlich und kontrolliert in einer bestimmten Weise in beiden Gruppen gleich verhält.

Wir meinen, daß eine generelle Entscheidung, ob einige bestimmte
oder alle der aufgeführten Hypothesen akzeptiert werden können, nicht
getroffen werden kann.

Zwar ist die Möglichkeit, daß die genannten Hypothesen zu Teilen
oder im Ganzen in einem konkret gegebenen Experiment nicht zutref-
fen, nie mit Sicherheit auszuschließen. Die Wahrscheinlichkeit für das
Vorliegen derartiger Effekte kann nur mit Bezug auf das je konkret vorliegende Experiment taxiert werden. Nicht zuletzt wird hierbei die zeitliche Distanz zwischen der Einwirkung des zu prüfenden Faktors und
der Erhebung der abhängigen Faktoren berücksichtigt werden müssen.

In einem psychologischen Experiment, in dem auf einen Reiz (zu
prüfender Faktor) unmittelbar die Reaktion der Vp als abhängiger Faktor erfolgt, wird man weit eher geneigt sein, die Hypothesen 2b und 3b
zu akzeptieren, als in einem Versuch, in dem der zu prüfende Faktor
und der abhängige Faktor in größerer zeitlicher Distanz zueinander
stehen.

Soll in einem Versuch etwa der Erfolg eines bestimmten Lernvor-
ganges über längere Zeit hinweg verfolgt werden, so ist es durchaus vor-
stellbar, daß die Vpn, die durch den Lernvorgang in ihren Systembedingungen anders gestellt sind als die Vpn der Kontrollgruppe, auf bestimmte situative Reize, die zwischen dem Lernprozeß und der Phase
des Erhebens der abhängigen Faktoren auf sie einwirken, anders reagieren als die Vpn, die in der Kontrollgruppe diesem Lernprozeß nicht aus-

gesetzt waren. Mögliche Unterschiede im Sosein der abhängigen Faktoren zwischen der Experimental- und der Kontrollgruppe könnten dann nicht auf den zu prüfenden Faktor allein zurückgeführt werden, sondern müßten als Wirkung spezifischer Interaktionen zwischen dem zu prüfenden Faktor und bestimmten anderen Faktoren interpretiert werden.

10.3.5. Grundannahmen des Konzepts der Indikationsfaktoren

Die Rede von Indikationsfaktoren verweist immer auf eine empirisch nicht zu belegende Annahme. Der Vl, der annimmt, daß bestimmte seiner Daten den zu messenden Sachverhalt nicht angemessen repräsentieren, muß eine bestimmte Annahme über die Struktur des Gegenstandes zur Norm erheben, an der sich dann seine empirischen Daten zu bewähren haben.

Diese Norm kann aus einem theoretischen Konzept hergeleitet werden, sie kann aber auch mit Bezug auf vorangegangene empirische Befunde aufgestellt worden sein. In beiden Fällen ist dieser angenommene ,wahre Wert' jedoch nicht empirisch als solcher zu belegen.

Im Falle der Herleitung der Norm aus einem theoretischen Konzept ist der nicht-empirische Charakter offenkundig. Er ist jedoch auch in dem Fall gegeben, in dem dieser Norm bestimmte empirische Daten zugrunde liegen. Hierbei werden bestimmte empirische Daten zur Norm erhoben, indem man abweichende empirische Befunde mit Rückgriff auf Indikationsfaktoren als Meßfehler interpretiert. Gegeben ist jedoch lediglich der schlichte Tatbestand widersprechender empirischer Befunde. Den empirischen Daten ist es jedoch nicht zu entnehmen, ob eine und wenn ja, welche Datenreihe als Repräsentant des ,wahren Wertes' angesehen werden kann. Selbst unter Heranziehung weiterer Datensätze kann die Frage, bei welchen Datenreihen Indikationsfaktoren angenommen werden sollten, nicht grundsätzlich entschieden werden, da Normatives nicht aus Faktischem hergeleitet werden kann.

Hierzu ein Beispiel:

Der Vl nimmt an, daß sich die Urteile seiner Vpn über einen bestimmten Gegenstand normalverteilen. Seine empirisch vorliegenden Werte weichen aber systematisch von der Normalverteilung ab. Um das Prinzip der Normalverteilung dennoch zu retten (exhaurieren), kann er Indikationsfaktoren annehmen, indem er behauptet, sein Meßinstrument hätte eine Verzerrung der Daten bewirkt (cental tendency o.ä.). Der Gedanke an einen Meßfehler kann dem Vl nur dann kommen, wenn er eine bestimmte Vorerwartung zur Norm erhebt.

11. Zusammenfassung

In dieser Arbeit haben wir versucht, eine systematische Zusammenstellung der Probleme zu leisten, die im Zusammenhang des Experiments
in der Psychologie aufgeworfen werden können.

Als systematisierende Leitlinie haben wir den KIRCHHOFFschen Fragekatalog verwendet. Wir haben das Experiment als eine Sonderform
menschlicher Handlung verstanden und mit Bezug auf ein allgemeines
Modell der Handlung von GÖRLITZ Teilstationen des Experimentierens
aufgezeigt, wobei wir die systematische Bedingungsvariation, nach Inspektion anderer Teilkomponenten der experimentellen Handlung, als
das Merkmal hervorgehoben haben, das das Experiment von anderen
empirischen Methoden unterscheidet. Über die allgemeine Charakterisierung der Stationen der experimentellen Handlung hinaus haben wir
versucht, ein Modell der im Experiment realisierbaren Faktoren aufzustellen und definitorisch zu fassen, wobei die Kontrollmöglichkeiten
und Kontrollerfordernisse beim Experimentieren erörtert und mit Bezug auf eine Zusammenstellung von MACH die Techniken dargestellt
wurden, die im Rahmen der Psychologie für die experimentelle Sicherung relativ schwacher Effekte Verwendung finden können. Dem schloß
sich eine Darstellung verschiedener Möglichkeiten der Unterscheidung
in Grundformen des Experimentierens an, die wir mit Bezug auf die
Struktur der experimentellen Handlung, so wie wir sie vorher aufgezeigt hatten, geordnet haben. Darüber hinaus war es notwendig, das
Experiment in dem weiteren Umfeld empirischer Methoden durch die
Darstellung nebengeordneter Verfahren zu orten. Schließlich wurde
das Experiment einer kausal- und finalanalytischen Betrachtung unterzogen. Letztlich wurden die wissenschaftstheoretischen Voraussetzungen der experimentellen Handlung u.a. an der Struktur des Kontrollgruppenversuchs aufgezeigt, der unter dem genannten Kriterium der Variation
als grundlegend für komplexere Formen des Experimentierens angesehen
werden konnte.

12. Literaturverzeichnis

ADAIR, J. G. und J. S. EPSTEIN: Verbal cues in the mediation of experimenter bias. Psychological Reports. 22 (1968), S. 1045–1053.

ALBERT, H.: Wissenschaft und Politik. Zum Problem der Anwendbarkeit einer wertfreien Sozialwissenschaft. In: E. Topitsch (Hrsg.): Probleme der Wissenschaftstheorie. Wien 1960. S. 201–232.

ALBERT, H.: Konstruktivismus oder Realismus? Bermerkungen zu Holzkamps dialektischer Überwindung der modernen Wissenschaftslehre. Ztsch. f. Sozialpsychologie. 2 (1971), S. 5–23.

ANDERSON, B. F.: The psychology experiment. 2. Auflage. Belmont 1966.

ANDREWS, T. G.: Methods of psychology. 1. Auflage 1948. 5. Auflage. New York – London 1961.

BACHMANN, J. A. und H. E. FARRIS: The subject is always right: A lesson in learning. Psychological Record. 18 (1968), S. 405–408.

BARBER, T. X. und M. J. SILVER: Fact, fiction, and the experimenter bias effect. Psychological Bulletin. 70 (1968 a), S. 1–29.

BARBER, T. X. und M. J. SILVER: Pitfalls in data analysis and interpretation: A reply to Rosenthal. Psychological Bulletin. 70 (1968 b), S. 48–62.

BARNARD, P. G.: Interaction effects among certain experimenter and subject characteristics on a projective test. Journal of Consulting and Clinical Psychology. 32 (1968), S. 514–521.

BAYLEY, G. A.: Psychological experimenter effects as social influence. Dissertation Abstracts. 1968, 28 (7-A), 2770.

BERKOWITZ, L.: Advances in experimental social psychology. New York – London 1965.

BLUMENBERG, H.: Philosophischer Ursprung und philosophische Kritik des Begriffs der wissenschaftlichen Methode. Studium Generale. 5 (1952), S. 133–142.

BOCHEŃSKI, I. M.: Die zeitgenössischen Denkmethoden. Bern – München 1954.

BOGDONOFF, M. D., L. BREHM und K. BACK: The effect of the experimenter's role upon the subject's response to an unpleasent task. Journal of Psychosomatic Research. 8 (1964), S. 137–143.

BORING, E. G.: A history of experimental psychology. 2. Auflage. New York 1950.

BREDENKAMP, J.: Experiment und Feldexperiment. In: C. F. Graumann (Hrsg.): Hdb. d. Ps. Bd. 7. Sozialpsychologie. Göttingen 1969. S. 332–374.

BROWN, C. W. und E. E. GHISELLI: Scientific method in psychology. New York – Toronto – London 1955.

CAPRA, P. C. und J. E. DITTES: Birth order as a selective factor among volunteer subjects. Journal of abnormal and social psychology. 64 (1962), S. 302.

CATTELL, R. B.: Handbook of multivariate experimental psychology. Chicago 1966.

CARNAP, R. und W. STEGMÜLLER: Induktive Logik und Wahrscheinlichkeit. Wien 1959.

CHAPANIS, A.: The relevance of laboratory studies to practical situations. Ergonomics. 10 (1967), S. 557–577.

CHAPIN, F. S.: Design for social experiments. American Sociological Review. 3 (1938), S. 786–800.

CHAPIN, F. S.: Experimental designs in sociological research. 1. Auflage. New York – London 1947. 2. Auflage. New York 1955.

CHAPIN, F. S.: Das Experiment in der soziologischen Forschung. In: R. König (Hrsg.): 1965. S. 221–258.

COOPER, J., L. EISENBERG, J. ROBERT und B. S. DOHRENWEND: The effect of experimenter expectancy and preparatory effort on belief in the probable occurrence of future events. Journal of Social Psychology. 71 (1967), S. 221–226.

CRAFT, L. W., T. C. SCHNEIRLA, E. E. ROBINSON und R. W. GILBERT: Recent experiments in psychology. New York – Toronto – London 1950.

DINGLER, H.: Grundlagen der angewandten Geometrie. Leipzig 1911.

DINGLER, H.: Physik und Hypothese. Versuch einer induktiven Wissenschaftslehre. 1921.

DINGLER, H.: Die Grundlagen der Physik. Synthetische Prinzipien der mathematischen Naturphilosophie. 2. Auflage. Berlin – Leipzig 1923.

DINGLER, H.: Das Experiment. Sein Wesen und seine Geschichte. München 1928.

DINGLER, H.: Metaphysik als Wissenschaft vom Letzten. München 1929.

DINGLER, H.: Betrachtungen zur Axiomatik. Methodos. 1 (1949), S. 1–21.

102

DINGLER, H.: Über die Trennung zwischen Subjekt und Objekt. Methodos. 2 (1950), S. 1–13.

DINGLER, H.: Die Grundlagen der Naturphilosophie. 1. Auflage. Leipzig 1913. 2. Auflage. Darmstadt 1967.

DRIESCH, H.: Ordnungslehre. Jena 1912.

DUBISLAV, V. W.: Die Definition. 1931.

DUHEM, P.: Ziel und Struktur der physikalischen Theorien. Paris 1906. 1. dtsch. Auflage. Leipzig 1908.

DÜKER, H.: Möglichkeiten und Grenzen des Experiments in der Psychologie. Schweizerische Zeitschrift für Psychologie. 29 (1970), S. 26–33.

EDWARDS, A. L.: Experimental design in psychological research. 1. Auflage 1950. 3. Auflage New York – Chicago – San Francisco – Toronto – London 1963.

EDWARDS, A. L.: Experiments: Their planing and execution. In: G. Lindzey (Hrsg.): Handbook of social psychology. Vol. I. 1. Auflage 1954. 3. Auflage. Reading – London 1959.

EDWARDS, C. N.: Defensive interaction and the volunteer subject: An heuristic note. Psychological Reports. 22 (1968), S. 1305–1309.

EDWARDS, W.: Costs and payoffs are instructions. Psychological Review. 68 (1961), S. 275–284.

ENGRAM, W. C.: One aspect of the social psychology of experimentation: The E-effect and related personality characteristics in the experimenter. Dissertation Abstracts. 1968, 28 (8-A) S. 3260–3261.

EX, J.: Situationsanalyse und sozialpsychologisches Experiment. Zeitschrift für experimentelle und angewandte Psychologie. 7 (1960), S. 100–125.

FEDERER, W. T.: Experimental design. 1. Auflage. 1955. 3. Auflage. New York 1963.

FIETKAU, H. J., D. GÖRLITZ und W. REDA: Systematische Orientierung zur Planung, Durchführung und Darstellung experimenteller Untersuchungen. Unveröffentliches Skript, Psychologisches Institut TU-Berlin. Berlin 1970.

FISHER, R.: The design of experiments. 1. Auflage. 1935. 8. Auflage. Edinburgh 1966.

FLUGEL, J. C.: A hundred years psychology. 1. Auflage. 1933. 3. Auflage. London 1964.

FOPPA, K.: Einige Probleme des psychologischen Experiments. Zeitschrift für erziehungswissenschaftliche Forschung. 1 (1967), S. 3–13.

FRAISSE, P.: Praktikum der experimentellen Psychologie. Bern 1966.

FRIEDMAN, N.: The social nature of psychological research: the psychological experiment as social interaction. New York 1967.

FRIEDMAN, N., D. KURLAND und R. ROSENTHAL: Experimenter behavior as an unintended determinant of experimental results. Journal of Projective Techniques und Personality Assessment. 29 (1965), S. 479–490.

FRIEDMAN, N.: Magnitude of experimental effect and a table for its rapid estimation. Psychological Bulletin. 70 (1968), S. 245–251.

GADAMER, H. G.: Wahrheit und Methode. Grundzüge einer philosophischen Hermeneutik. Tübingen 1960.

GIORGI, A.: The experience of the subject as a source of data in a psychological experiment. Review of Existencial Psychology und Psychiatry. 7 (1967), S. 169–176.

GLIXMAN, A. F.: Psychology of the scientist: XXII. Effects of examiner, examiner-sex, and subject-sex upon categorizing behavior. Peceptual und Motor Skills. 24 (1967), S. 107–117.

GORE, P. M.: Individual differences in the prediction of subject compliance to experimenter bias. Dissertation Abstracts. 1963, 24 (1), S. 390–391.

GÖRLITZ, D.: Ergebnisse und Probleme der ausdruckspsychologischen Sprechstimmforschung. Meisenheim am Glan 1972.

GRASSI, E.: In: W. Heisenberg (Hrsg.): Das Naturbild der heutigen Physik. Hamburg 1965.

GREENWOOD, E.: Experimental sociology – A study in method. 1. Auflage. 1945. 5. Auflage. New York 1949.

GREENWOOD, E.: Das Experiment in der Soziologie. In: R. König (Hrsg.): 1965, S. 171–220.

GROEBEN, N.: Wissenschaftstheorie zwischen Ideologie und Synthese. Eine kritische Stellungnahme zum Werk von K. Holzkamp: Wissenschaft als Handlung. Psychologische Beiträge. 12 (1970), S. 311–317.

HARBISON, J.: The experimenter effect: Evidence and implications. Papers in Psychology. 1 (1967), S. 10–16.

HARRÉ, R.: An introduction to the logic of the sciences. 1. Auflage. 1960. 3. Auflage. London – New York 1965.

104

HARRIS, L.: Looks by preschoolers at the experimenter in a choice-of-toys game: Effects of experimenter and age of child. Journal of experimental child psychology. 6 (1968), S. 493–500.

HARTMANN, N.: Teleologisches Denken. Berlin 1951.

HECKHAUSEN, H.: Allgemeine Psychologie in Experimenten. Göttingen 1969.

HOFSTÄTTER, P. R.: Gruppendynamik. Hamburg 1957.

HOLZKAMP, K.: Theorie und Experiment in der Psychologie. Berlin 1964.

HOLZKAMP, K.: Wissenschaft als Handlung. Berlin 1968.

HOLZKAMP, K.: Zum Problem der Relevanz psychologischer Forschung für die Praxis. Psychologische Rundschau. 21 (1970 a), S. 1–22.

HOLZKAMP, K.: Wissenschaftstheoretische Voraussetzungen kritisch-emanzipatorischer Psychologie. (Teil 1). Zeitschrift für Sozialpsychologie. 1, 1 (1970 b), S. 5–21.

HOLZKAMP, K.: Wissenschaftstheoretische Voraussetzungen kritisch emanzipatorischer Psychologie. (Teil 2). Zeitschrift für Sozialpsychologie. 1, 2 (1970 c), S. 109–141.

HOLZKAMP, K.: Konventionalismus und Konstruktivismus. Ztsch. f. Sozialpsychologie. 2 (1971), S. 24–39.

HOLZKAMP, K.: Kritische Psychologie. Frankf. a. M. 1972.

HORKHEIMER, M.: Traditionelle und kritische Theorie. Vier Aufsätze. Frankfurt/Main – Hamburg 1970. Nachdruck von vier Aufsätzen aus der Zeitschrift für Sozialforschung 1936, 1937.

HÜBNER, K.: Was heißt und zu welchem Ende studiert man Naturphilosophie. Philosophia naturalis. 7 (1962), S. 129–142.

INGRAHAM, L. H. und G. M. HARRINGTON: Psychology of the scientist. XVI. Experience of E as a variable in reducing experimenter bias. Psychological Reports. 19 (1966), S. 455–461.

JACOB, T.: The experimenter bias effect: A failure to replicate. Psychonomic Science. 13 (1968), S. 239–240.

JACOBY, J.: Birth rank and pre-experimental anxciety. Journal of social psychology. 76 (1968), S. 9–11.

JANKE, W.: Das Experiment in der Psychologie. In: M. Thiel (Hrsg.): Enzyklopädie der geisteswissenschaftlichen Arbeitsmethoden. 7. Lieferung: Methoden der Psychologie und Pädagogik. München – Wien 1969 a. S. 95–120.

JANKE, W.: Experimentelle Untersuchungen zur psychischen Wirkung von Placebos bei gesunden Personen. Meisenheim 1969 b.

KAVANAU, J. L.: Behavior: Confinement, adaption, and compulsory regimes in laboratory studies. Science. 143 (1964), S. 490.

KELMAN, H. C.: Human use of human subjects. Psychological Bulletin. 67 (1967), S. 1—11.

KESSEL, P. und K. J. BARBER jr.: Experimenter-subject interaktion in verbal conditioning: Review of the literature. Psychological Reports. 22 (1968), S. 59—74.

KIRCHHOFF, R.: Zur Phänomenologie des Wollens. Bericht über den 21. Kongreß der deutschen Gesellschaft für Psychologie. Bonn 23.—27. September 1957. Göttingen 1958. S. 66—80.

KIRCHHOFF, R.: Über pragmatische und semantische Handlungen. Jahrbuch für Psychologie, Psychotherapie und medizinische Anthropologie. 10 (1963), S. 104—118.

KIRCHHOFF, R.: Vorbemerkungen zur historischen Darstellung. In: R. Kirchhoff (Hrsg.): Handbuch der Psychologie. Band 5, Ausdruckspsychologie. Göttingen 1965. S. 3—8.

KIRK, R. E.: Experimental design: procedures for the behavioral sciences. Belmont 1969.

KLAUS, G.: Moderne Logik. Berlin 1967.

KÖNIG, R. (Hrsg.): Beobachtung und Experiment in der Sozialforschung. 1. Auflage. 1956. 3. Auflage. Köln — Berlin 1965.

KÖNIG, R.: Beobachtung und Experiment. In: R. König (Hrsg.): 1965. S. 17—47.

KORNER, I. N., und R. C. TRIPATHI: Experimental myopia. Journal of psychological researches. 11 (1967), S. 75—76.

KRAMPF, W. (Hrsg.): Hugo Dingler, Gedenkbuch zum 75. Geburtstag. München 1956.

LASAGNA, L. und J. M. v. FELSINGER: The volunteer subject in research. Science, 120 (1954), S. 359—361.

E. E. LEVITT, B. LUBIN und J. P. BRADY: The effect of the pseudovolunteer on studies of volunteers for psychological experiments. Journal of applied Psychology. 46 (1962), S. 72—75.

Lewin, K.: Gesetz und Experiment in der Psychologie. Sonderdruck des Symposion Heft 5. Berlin 1927.

Lewin, K.: Der Übergang von der aristotelischen zur galileischen Denkweise in Biologie und Psychologie. Erkenntnis. 1 (1930/31), S. 421−466.

Lienert, G. A.: Verteilungsfreie Methoden in der Biostatistik. Meisenheim 1962.

Mach, E.: Erkenntnis und Irrtum. Skizzen zur Psychologie der Forschung. 1. Auflage. 1905. 2. Auflage. Leipzig 1906.

Malitz, S.: The volunteer as a variable in psychotropic drug assessment: A follow-up study. In: E. Rothlin (Hrsg.): Neuropsychopharmacology. Amsterdam 1961.

Mandler, G. und W. Kessen: The language of psycholgy. New York − London 1959.

Manniche, E. und D. P. Hayes: Respondent anonymity and data matching. Publ. Opin. Quart. 21 (1957), S. 384−388.

Masling, J.: Role-related behavior of the subject and psychologist and its effects upon psychological data. Nebraska Symposium on Motivation. 14 (1966), S. 67−103.

May, E.: Induktion und Exhaustion. Methodos I. 1949 a, S. 137−149.

May, E.: Kleiner Grundriß der Naturphilosophie. Meisenheim 1949 b.

McFall, R. M.: Unintentional communication: The effect of congruence and incongruence between subject and experimenter constructions. Dissertation Abstracts. 1966, 26 (11), 6853.

Meili, R.: Das psychologische Experiment. In: R.Meili/H. Rohracher (Hrsg.): Lehrbuch der experimentellen Psychologie. 1. Auflage. 1963. 2. Auflage. Bern − Stuttgart 1968.

Merquis, P. C.: Experimenter-subject interaction as a function of authoritarianism and response set: An aspect of the social psychology of the experimental situation. Dissertation Abstracts. 1966, 26, (12Pt. 1), 7476−7477.

Metzger, W.: Das Experiment in der Psychologie. Studium Generale. 5 (1952), S. 142−163.

Metzger, W.: Lage, Schwerpunkt und Entwicklung der experimentellen Psychologie der Gegenwart. Bericht über den 20. Kongreß der deutschen Gesellschaft für Psychologie. A. Wellek (Hrgs.): Göttingen 1956 a. S. 26−39.

METZGER, W.: Über das Abfassen einer wissenschaftlichen Arbeit aus dem Gebiet der Psychologie. Psychologische Beiträge. 2 (1956 b), S. 203−214.

MONDY, L. W.: The effects of attitudes towards experiments and degrees of awarencess upon verbal conditioning. Dissertation Abstracts. 1967, 28, (6-A), 2339−2340.

MOSS, T. S.: A study of experimenter bias through subliminal perception, non-verbal communication and ESP. Dissertation Abstracts 1967, 27, (10-B), 3677−3678.

MÜNCH, R. und M. SCHMIDT: Konstruktionalismus und empirische Forschungs-praxis. Ztsch. f. Sozialpsychologie. 1 (1970), 299−310.

NAGEL, E.: The structure of science. Problems in the logic of scientific expla-nation. New York − Burlingame 1961.

NYMAN, A.: Das Experiment, seine Voraussetzungen und Grenzen. Zeitschrift für philosophische Forschung. 4 (1949), S. 80−96.

NYMAN, A.: Hugo Dingler. Die Exhaustionsmethode und das Prinzip der „Ein-fachstheit". In: W. Krampf (Hrsg.): Hugo Dingler, Gedenkbuch zum 75. Ge-burtstag. S. 153−172.

O'DONOVAN, D.: A phenomenological analysis of the laboratory situation. Review of Existential Psychology und Psychiatry. 8 (1968), S. 141−154.

ORNE, M. T.: On the social psychology of the psychological experiment: With particular reference to demand characterstics and their implications. American Psychologist. 17 (1962), S. 776−783.

OSGOOD, C. E.: Method and theory in experimental psychology. 1. Auflage. 1953. 5. Auflage. New York 1964.

PAGES, R.: Das Experiment in der Soziologie. In: R. König (Hrsg.): Handbuch der empirischen Sozialforschung. Band 1. Stuttgart 1962. S. 415−450.

PAP, A.: Analytische Erkenntnistheorie. Kritische Übersicht über die neueste Entwicklung in USA und England. Wien 1955.

POINCARÉ, H.: Wissenschaft und Hypothese. Leipzig 1904.

POINCARÉ, H.: Wissenschaft und Methode. Leipzig − Berlin 1914.

POPPER, K. R.: Die Logik der Sozialwissenschaften. Kölner Zeitschrift für Soziologie und Sozialpsychologie. 14 (1962), S. 233−248.

POPPER, K. R.: Logik der Forschung. 1. Auflage. Wien 1934. 2. Auflage. Tübingen 1966.

POSTMAN, L. und J. P. EGAN: Experimental psychology. An introduction. New York – Evanston 1949.

POWELL, W. J. jr.: Differential effectiveness of interviewer interventions in an experimental interview. Journal of Consulting und Clinical Psychology. 32 (1968), S. 210–215.

ROBINSON, R.: Definition. Oxford 1950.

ROHRACHER, H.: Einführung in die Psychologie. 1. Auflage. Wien 1946. 8. Auflage. Wien – Innsbruck 1963.

RÖHRS, H.: Forschungsmethoden in der Erziehungswissenschaft. Stuttgart – Berlin – Köln – Mainz 1968.

ROSENTHAL, R.: On the social psychology of the psychological experiment: The experimenter's hypothesis as unintended determinant of experimental results. American Scientist. 51 (1963 a), S. 268–283.

ROSENTHAL, R.: Experimenter modeling effects as determinants of subject's responses. Journal of projective Techniques und Personality Assesment. 27 (1963 b), S. 467–471.

ROSENTHAL, R.: Experimenter attributes as determinants of subject's responses. Journal of Projective Techniques und Personality Assessment. 27 (1963 c), S. 324–331.

ROSENTHAL, R.: The effect of the experimenter on the results of psychological research. In: B. A. Maher (Hrsg.): Progress in experimental personality research. Vol. 1. New York 1964 a. S. 79–114.

ROSENTHAL, R.: The effect of the experimenter on the results of psychological research. Bulletin of the Maritime Psychologicans Assos. 13 (1964 b), S. 1–39.

ROSENTHAL, R.: Experimenters effects in behavioral research. New York 1966.

ROSENTHAL, R.: Covert communication in the psychological experiment. Psychological Bulletin. 67 (1967 a), S. 356–367.

ROSENTHAL, R.: Psychology and the scientist: XXIII. Experimenter expectancy, experimenter experience and Pascal's waga. Psychological Reports. 20 (1967 b), S. 619–622.

ROSENTHAL, R.: Experimenter expectancy and the reassuring nature of the null hypothesis decision procedure. Psychological Bulletin. 70 (1968), S. 30–47.

ROSENTHAL, R.: Interpersonal expectations Effects of the experimenter's hypothesis. In: R. Rosenthal und R. L. Rosnow (Eds.): Artifact in behavioral research. New York – London 1969. S. 181–277.

ROSENTHAL, R. und K. L. FODE: Psychology of the scientist: V. Three experiments in experimenter bias. Psychological Reports. 12 (1963), S. 491−511.

ROSENTHAL, R. , N. FRIEDMAN und D. KURLAND: Instruction-reading behavior of the experimenter as an unintended determinant of experimental results. Journal of experimental research in personality. 1 (1966), S. 221−226.

ROSENTHAL, R., P. KOHN, P. M. GREENFIELD und N. CAROTA: Data desirability, experimenter expectancy, and the results of psychological research. Journal of Personality and Social Psychology. 3 (1966), S. 20−27.

ROSENTHAL, R., R. C. MULRY, M. GROTHE, G. W. PERSINGER und L. VIKAN-KLINE:Emphasis on experimental procedure, sex of subjects and the biasing effects of experimental hypotheses. Journal of Projective Techniques und Personality Assessment. 28 (1964), S. 470−473.

ROSENTHAL, R. und G. W. PERSINGER: Let's pretend: Subjects perception of imaginary experimenters. Perceptual and Motor Skills. 14 (1962). S. 407−409.

ROSENTHAL, R., G. W. PERSINGER, R. C. MULRY, L. VIKAN-KLINE und M. GROTHE: Changes in experimental hypotheses as determinants of experimental results. Journal of Projective Techniques und Personality Assessment. 28 (1964 a), S. 465−469.

ROSENTHAL, R., G. W. PERSINGER, R. C. MULRY, L. VIKAN-KLINE und M. GROTHE: Emphasis on experimental procedure, sex of subjects, and the biasing effects of experimental hypotheses. Journal of Projective Techniques und Personality Assessment. 28 (1964 b), S. 470−473.

ROSENTHAL, R., G. W. PERSINGER, L. VIKAN-KLINE und K. L. FODE: The effect of early data returns on data subsequently obtaind by outcome-biased experimenters. Sociometry. 26 (1963), S. 487−498.

ROSENTHAL, R., G. W. PERSINGER, L. VIKAN-KLINE und R. C. MULRY: The role of research assistent in the mediation of experimenter bias. Journal of Personality. 31 (1963), S. 313−335.

ROSENTHAL, R. und R. L. ROSNOW: The volunteer subject. In: R. Rosenthal und R. L. Rosnow (Eds): Artifact in behavioral research. New York − London 1969. S. 59−118.

SANBORN, H. C.: Das Experiment als schöpferische Tat. In: W. Krampf (Hrsg.): Hugo Dingler, Gedenkbuch zum 75. Geburtstag. München 1956. S. 173−188.

SCHEIER, I. H.: To be or not to be a guinea pig: Preliminary data on anxiety and the volunteer for experiment. Psychological Reports. 5 (1959), S. 239−240.

110

SCHLICHT, W. J. jr.: Demand characteristics in a situation perceived by subjects as distinct from the psychological experiment in wich they expectes to participate. Journal of Human Relation. 16 (1968), S. 439—450.

SCHULMAN, G. I.: Asch conformity studies: Conformity to the experimenter and/or the group. Sociometry. 30 (1967), S. 26—40.

SCHULTZ, D. P.: Birth order of volunteers for sensory restriction. Journal of Social Psychology. 73 (1967), S. 71—73.

SCHULTZ, D. P.: The human subject in psychological research. Psychological Bulletin. 72 (1969), S. 214—228.

SELG, H.: Einführung in die experimentelle Psychologie. 1. Auflage. 1966. 2. Auflage. Stuttgart — Berlin — Köln — Mainz 1969.

SIEBEL, W.: Die Logik des Experiments in den Sozialwissenschaften. Berlin 1965.

SILVERMAN, I.: Note on the relationship of self-esteem to subject self selection. Perceptual and Motor Skills. 19 (1964), S. 769—770.

SINGH, B. N. und B. P. ROY: Student's attitude towards participation in psychological experiments. Indian Journal of Psychology. 38 (1963), S. 107—113.

SPINNER, H. F.: Experimente und Modelle. In: Grochla (Hrsg.): Handwörterbuch der Organisation. Stuttgart 1969.

STEVENS, S. S.: Handbook of experimental psychology. 1. Auflage. 1951. 5. Auflage. New York — London 1963.

STEVENSON, H. W. und S. ALLEN: Adult performance as a function of sex of experimenter and sex of subject. Journal of abnormal and social Psychology. 68 (1964), S. 214—216.

SUSSMAN, M. B. und M. R. HAUG: Human and mechanical error: An unknown quantity in research. American Behavioral Scientist. 11 (1967), S. 54—56.

SWINGLE, P. G.: Experiments in social psychology. New York — London 1969.

TRAXEL, W.: Einführung in die Methodik der Psychologie. Bern — Stuttgart 1964.

VROLIJK, A.: Lichaamshouding en hm-hm: Een variant. (Body posture and hm-hm.) Nederlands Tijdschrift voor de Psychologie en haar Grensgebieden. 21 (1966), S. 438—443.

WALSTER, E., E. BERSCHEID, D. ABRAHAMS und V. ARONSON: Effectiveness of debriefing following deception experiments. Journal of Personality and Social Psychology. 6 (1967), S. 371–380.

WARD, C. D.: A further examination of birth order as a selective factor among volunteer subjects. Journal of abnormal and social Psychology. 69 (1964), S. 311–313.

WEIZSÄCKER, C. F. v.: Das Experiment. Studium Generale. 1 (1947/1948), S. 3–9.

WELLEK, A.: Das Experiment in der Psychologie. Studium Generale. 1 (1947), S. 18–32.

WELLEK, A.: Der Rückfall in die Methodenkrise in der Psychologie und ihre Überwindung. Göttingen 1959.

WERTHEIMER, M.: Produktives Denken. 2. Auflage. Frankfurt 1964.

WESSLER, R. L.: The experimenter effect in a task-ability problem experiment. Dissertation Abstracts. 1966, 27, (6-b), 2173.

WESSLER, R. L.: Experimenter expectancy effects in three dissimilar tasks. Journal of Psychology. 71 (1969), S. 63–67.

WHITMAN, R. M., C. M. PIERCE, J. W. MAAS und B. J. BALDRIDGE: The dreams of the experimental subject. Journal nerv. ment. Dis. 134 (1962), S. 431–439.

WILSON, W. T. und J. PATTERSON: Sex differences in volunteering behavior. Psychological Reports. 16 (1965), S. 976.

WINER, B. J.: Statistical principles in experimental design. New York – San Francisco – Toronto – London 1962.

WINKEL, G. H.: The effects of experimenter anxiety, subject anxiety, and instructions in a free verbalization setting. Dissertation Abstracts. 1966, 27, (3-B-), 992.

WOLF, A. und J. H. WEISS: Birth order, recruitment conditions and volunteering preference. Journal of Personality and Social Psychology. 2 (1965), S. 269–273.

WOODWORTH, R. S.: Experimental Psychology. London 1950.

WOODWORTH, R. S. und H. SCHLOSBERG: Experimental psychology. 1. Auflage 1938. 2. Auflage. New York – London 1954.

WUNDT, W.: Grundriß der Psychologie. 1. Auflage. 1896. 3. Auflage. Leipzig 1898.

WUNDT, W.: Essays. 2. Auflage. Leipzig 1906.

112

WUNDT, W.: Über Ausfrageexperimente und die Methoden der Psychologie des Denkens. Psychologische Studien. 3 (1907). In Kleine Schriften von W. Wundt. Leipzig 1911.

ZEGERS, R. A.: Expectancy and the effects of confirmation and nonconfirmation. Dissertation Abstracts. 1967, 28 (4-B), 1701–1702.

ZIMNY, G. H.: Method in experimental psychology. New York 1961.

Psychologia Universalis

Forschungsergebnisse aus dem Gesamtgebiet der Psychologie
Herausgegeben von Eberhard Bay — Willy Hellpach †
Wolfgang Metzger — Wilhelm Witte

VERLAG ANTON HAIN · 6554 MEISENHEIM

G. A. Lienert

Verteilungsfreie Methoden in der
BIOSTATISTIK

Zweite völlig neu bearbeitete Auflage – Band I

Das Buch – ein Lehr- und Lernbuch – behandelt an Hand anschaulicher und leicht verständlicher Beispiele in verschiedenen Bereichen der medizinischen und biologischen Forschung eine moderne Richtung der statistischen Urteilsbildung, die sog. verteilungsfreien Methoden. Diese sollten immer dann zur Signifikanzprüfung herangezogen werden, wenn sich die Beobachtungswerte nicht – wie im „klassischen" Fall – normal verteilen. Da sie frei sind von Bedingungen über die Art der Verteilung, können sie – als Methoden höheren Allgemeinheitsgrades – auch auf normal verteilte Meßwerte Anwendung finden, zumal sie leicht zu verstehen und einfach zu handhaben sind.

Das Buch gliedert sich in einen allgemeinen Teil, der die Grundsätze der verteilungsfreien Methoden darlegt und einen speziellen Teil.

1973 ca. 720 Seiten

broschiert 74,– DM · ISBN 3-445-01034-X
gebunden 85,– DM · ISBN 3-445-11034-4

Verlag Anton Hain · Meisenheim am Glan